ホテル評論家が自腹で泊まる！

最強のホテル100

★ THE 100 GREATEST HOTELS ★

瀧澤信秋

イースト・プレス

はじめに

『 それぞれにそれぞれの最強ホテル 』

お金に糸目をつけず高い料金を支払えば、それなりのホテルで良い思いができることは言わずもがな。特別な日、ハレの日には思い切って利用もしたいが、ホテルを利用するシーンはさまざま。会社の旅費規程に合わせて予約する出張先のビジネスホテルという場合もあるし、終電を逃して仕方なく利用するカプセルホテルが今宵の寝床というケースもあるだろう。

ホテルをはじめとした宿泊施設にはさまざまな形態がある。ホテルと名のつく施設だけでも「シティホテル」「ビジネスホテル」「カプセルホテル」「レジャーホテル」など多彩だ。たとえば温泉地ひとつを見ても純和風の温泉旅館もあれば、大型観光ホテルのような形態もある。私は、さまざまな業態のホテルサービス評論を心がけているので、カテゴリーにとらわれず日々多様な宿泊施設を取材する。
形態やサービススタイルはホテルにより千差万別であることは当然だが、共通しているのは"お客さまに喜んでもらいたい"というホテルの思いだ。一方、近年では訪日外国人の増加もあり、都市部を中心にホテルが増加している。建設ラッシュは観光地、リゾート地にも波及、競争は激化の一途をたどっている。差別化のため、目新しい設備や斬新なサービスの導入はホテルの最優先課題ともいえる。

そうした現況を見ていると、それぞれのホテルに何かしらの強い魅力があることを感じる。一方でゲストがホテルへ求めるものは人それぞれであり、ホテルがよかれと考え提供したサービスが、あるゲストには不快に感じられることもある。同じサービスでも提供するホテリエで印象が全く異なることもあるだろう。ホテルは日々進化、退化、発展、衰退を繰り返す生き物であるともいえる。

ホテル評論の仕事をしていると、必ずといっていいほど受ける質問が「どこのホテルが良いか?」というものだ。「旅行におすすめのホテルを教えて欲しい」という意味ではあるが、ほとんどの場合回答に窮する。旅行の目的、同行者、予算、ホテ

ルカテゴリー、重視するポイントなど詳細がわからないと回答のしようがない。
リーズナブルなビジネスホテルを教えてほしいと思っている人へ高級ホテルを教えても仕方ないし、大浴場は必要ないという人に大浴場のあるホテルをすすめる意味はない。ゲスト自身にしても、教示されたホテルや吟味してリザーブしたホテルでも、その日の気分、誰と行くか、体調や天気によっても受ける印象は違うのかもしれない。
私自身もしかり。評論に公平性や客観性という視点が重要であることは疑う余地はないが、ホテル批評は極めて主観的な行為なのかもしれない。

本書に掲載されている 100 ホテル（旅館も含む）は、さまざまなカテゴリーが混在している。高級ホテルが最強という人は多いかもしれないが、カプセルホテルこそ最強という人、ホテルよりも旅館が最強という人もいるだろう。
私は、ホテルカテゴリーに特化しない横断的な評論をモットーにしている。カテゴリーにとらわれず、これまでに訪れた 2000 以上の施設から "また行きたい" という極めて主観的な基準で横断的にセレクトした。とはいえ 100 に絞ることは大変な作業だった。諸般の事情で掲載が叶わなかったホテルもある。

ホテルガイドにはイメージが重要という考えから、写真を大きく掲載したい思いもあり、ガイド部分の文章は限定的になってしまった。一方、写真のスペースが大きいとはいえ、市中のガイドブックやカタログ的なホテルガイドは避けるべく、限られたスペースに筆者なりの最強ポイントを盛り込んだつもりだ。
仕事、観光、予算、季節、誰と泊まるか……ホテルで想起されるシーン、ワードはさまざま。もしこの本を手に取ってホテルを訪れる機会があれば、ぜひみなさんにとっての最強ホテルをみつけてほしい。何よりその日、その時に最高の気分でホテルへ訪れることができることを祈るばかりだ。さまざまな条件が偶然に重なり合った瞬間に最強ホテルはその姿をあらわすのだから。

CONTENS

はじめに ………………………………………… 2
この本の使い方 ………………………………… 8

私が選ぶ最強ホテル

マンダリン オリエンタル 東京 — 10	大江戸温泉物語 箕面観光ホテル — 28
城山観光ホテル — 14	豪華カプセルホテル
ホテル ココ・グラン高崎 — 18	安心お宿プレミア新宿駅前店 — 30
レム新大阪 — 22	ウォーターホテルS国立 — 32
野尻湖ホテル エルボスコ — 24	**COLUMN 1**
紺碧 ザ・ヴィラオールスイート — 26	シティホテルとビジネスホテル — 34

デラックスホテル

ANAクラウンプラザホテル札幌 — 36	ザ ロイヤルパークホテル 東京汐留 — 42
グランド ハイアット 東京 — 37	吉祥寺第一ホテル — 43
ザ・プリンス さくらタワー東京 — 38	オリエンタルホテル 東京ベイ — 44
東京ドームホテル — 39	ホテル日航成田 — 45
ホテル インターコンチネンタル 東京ベイ — 40	ラディソン成田 — 46
ホテル雅叙園東京 — 41	ホテルニューグランド — 47
	横浜ベイシェラトン ホテル&タワーズ — 48

ローズホテル横浜	49
浦和ロイヤルパインズホテル	50
サーウィンストンホテル	51
ストリングスホテル 名古屋	52
名古屋プリンスホテル スカイタワー	53
THE JUNEI HOTEL 京都 御所西	54
コートヤード・バイ・マリオット 新大阪ステーション	55
アートホテル大阪ベイタワー	56
ホテル阪神	57
三田ホテル	58
神戸メリケンパーク オリエンタルホテル	59
ホテルヒューイット甲子園	60
ザ・レジデンシャルスイート・福岡	61
グランド ハイアット 福岡	62
アゴーラ福岡山の上ホテル&スパ	63

COLUMN2
外資系ホテルと内資系ホテル ─── 64

アッパー進化系&ビジネスホテル

アートホテル旭川	66
狸の湯 ドーミーイン札幌ANNEX	67
ベッセルイン札幌中島公園	68
ホテルマイステイズプレミア 札幌パーク	69
函館国際ホテル	70
ラビスタ函館ベイ	71
オガールイン	72
ホテルプラザアネックス横手	73
グランパークホテル パネックス東京	74
渋谷ホテル えん	75
スーパーホテルLohas 東京駅八重洲中央口	76
ホテル ココ・グラン上野不忍	77
ホテルバーグランティオス別邸	78
ホテルベルクラシック東京	79
レム六本木	80
ドーミーインPREMIUM 渋谷神宮前	81
東横INN東京大手町A1	82
立川ワシントンホテル	83
成田ゲートウェイホテル	84
ザ エディスターホテル成田	85
スターホテル横浜	86

コンフォートホテル横浜関内	87	鳥取グリーンホテルモーリス	97
ホテル パセラの森 横浜関内	88	JR九州ホテル ブラッサム博多中央	
コートホテル新横浜	89		98
ホテル・ヘリテイジ飯能sta.	90	ホテルフォルツァ博多（筑紫口）	
ホテルマイステイズ富士山展望温泉			99
	91	クインテッサホテル佐世保	100
松本ホテル花月	92	変なホテル ハウステンボス	101
ベッセルホテルカンパーナ京都五条		JR九州ホテル ブラッサム那覇	
	93		102
ホテル・ザ・ルーテル	94	アートホテル石垣島	103

COLUMN 3
ホテルは"いつ"予約するべきか

ホテルアクティブ！広島 ── 96

ホテル＆リゾート バリタワー
大阪天王寺 ── 95

104

4 リゾートホテル

函館大沼プリンスホテル	106	オリーブベイホテル	114
ホテル軽井沢1130	107	ホテルヨーロッパ	115
サヤン・テラス ホテル＆リゾート		カフー リゾート	
	108	フチャク コンド・ホテル	116
ザ・プリンス ヴィラ軽井沢	109	オキナワ マリオット	
川奈ホテル	110	リゾート＆スパ	117
ホテル＆スパアンダリゾート		ベッセルホテルカンパーナ沖縄	
伊豆高原	111		118
ロイヤルオークホテル			
スパ＆ガーデンズ	112		
ホテルリッジ	113		

温泉ホテル＆旅館

離れの宿 よもぎ埜 ─── 120	高崎観音山温泉 錦山荘 ─── 125
大江戸温泉物語	伊豆今井浜温泉 今井荘 ─── 126
ホテルニュー塩原 ─── 121	ラグジュアリー 和 ホテル風の薫
信州・戸倉上山田温泉	─── 127
美白の湯 荻原館 ─── 122	古湯温泉ONCRI／おんくり
高輪 花香路 ─── 123	─── 128
ススキの原 一の湯 ─── 124	

簡易宿場＆レジャーホテル

&AND HOSTEL UENO ─── 130
グランパーク・イン横浜 ─── 131
HOTEL&SWEETS FUKUOKA ─── 132

COLUMN 4
レジャーホテルのヒューマン ─── 133

密着レポート ホテル評論家の一週間 ─── 134
おわりに ─── 138
索引① エリア別Index ─── 140
索引② キーワードIndex ─── 142

この本の使い方

本書では宿泊施設を5つにカテゴライズしている。
それぞれの大まかな定義は以下の通り。

📍 **デラックスホテル**	»	外資系ラグジュアリーホテルや内資系デラックスホテルを代表とするフルサービス型のホテル
📍 **アッパー進化系＆ビジネスホテル**	»	進化系ビジネスホテルをはじめ突出したコンセプト型なども含むリミテッドサービスの宿泊主体型タイプのホテル
📍 **リゾートホテル**	»	リゾート地に展開するホテルで一部都市型のリゾートホテルも含む
📍 **温泉ホテル＆旅館**	»	温泉地の旅館やホテル
📍 **簡易宿所＆レジャーホテル**	»	カプセルホテルやホステルとレジャーホテル

また、各ホテル名の右にはホテルの特徴を表すキーワードをアイコンとして配置

書では目的に応じたホテルセレクトに参考いただけるよう配慮した。ホテルガイド、旅行ガイドとして活用いただければ筆者としてこの上ない喜びである。また、写真を多く掲載したので、妄想旅の読み物としても楽しんでもらえれば嬉しい。

100ホテルは「私がまた行きたいホテル」という観点でセレクトしたが、言い換えると「是非一度体験してもらいたいホテル」ということでもある。冒頭では、カテゴリー別のお気に入りのホテルを「私が選ぶ最強ホテル」としてスペースを多くさいた。また、ホテル評論家の私がプライベートでリピートするホテルが多く含まれている。 ホテルは日々進化している生き物だ。本書に掲載されている内容は発売時点での情報である。実際の利用に際しては情報のアップデート、確認をいただければ幸いである。

※本書のデータデータは2018年2月時点のものです。
※名称、価格、情報等は変動する場合がありますので事前にご確認ください。

私が選ぶ最強ホテル

ホテルジャンルに関係なく厳選した
私、瀧澤信秋がもっともお気に入りのホテル。

\ラグジュアリー/

MANDARIN ORIENTAL, TOKYO
マンダリン オリエンタル 東京

　日本で初めてフォーブス トラベルガイドより最高評価の5つ星を獲得したホテル。格式の高さと料金というハードルはあるものの、このホテルがまとう特別感は是非体験したいもの。エントランスからの心地よいアロマを感じた瞬間、身を委ねる非日常時間がはじまる。スタッフの高いホスピタリティマインド、上質なディテールは、コンセプトの打ち出しという安直な言葉では表現できない。そこには大人のホテル時間を愉しむための深い懐があるといえよう。

》 まさに高層の楽園
　心身のメンテナンスに最強のホテル

私が選ぶ最強ホテル

外資系ラグジュアリーホテルでは世界標準のサービスを体験できる機会が多い。質の高い施術をするホテルスパが集まる都心において、よりラグジュアリー感をアップさせた「ザ・スパ・アット・マンダリン・オリエンタル・東京」は特筆すべきだろう。天空のスパとも称される贅沢度満点のスパでは、東洋と西洋の伝統と技術を融合させ、ナチュラルで高品質なスパプロダクツを使用した独自のトリートメントを展開。またスパスタジオでは、ネイルトリートメントや短時間のクイックメニューも受けられる。熟練セラピストによる施術は、天国に誘うかのような心地良さだけでなく、効果もしっかり実感できるだろう。ラグジュアリーホテルはまさに癒しの空間である。

東京を俯瞰する
眺望も魅力

≫ 極上のリラックスを約束する
　心地よいアロマとフレーバー

ホテルステイの楽しみのひとつであるグルメ。ミシュランの星を獲得した広東料理、モラキュラー料理、フランス料理ほかピッツァや、鮨まで幅広いダイニングがあるので気分に応じてセレクトしたい。洗練された料理は、いずれも満足度が高い。グルメを満喫したらサンクチュアリな客室へイン。いつもの儀式は冷蔵庫から取り出す「マンダリン オリエンタル ブレンドティー」を味わうこと。冷えた瓶からワイングラスへ注ぐと何ともいえない香りが漂う。烏龍茶にベルガモットの香りを加えた風味はとても華やか。個性的ではあるがクセのないフレーバーは他に類を見ない。幅広い年齢層に人気があるというオリジナルブレンドティーは、まさに大人が愉しむためのお茶といえるだろう。

ラグジュアリーホテルにとってイメージは重要。コンセプトの打ち出しや特徴あるインテリア、イメージカラーなどを用いるケースも多い。一方、最近注目されているのがフレグランス。「あのホテルの香り」と嗅覚にうったえるホテルのイメージだ。エントランスのアロマにオリジナルブレンドティー。しかし、アロマやフレーバーの選択はホテルにとって難しいという。さまざまな国の老若男女が訪れるホテルという場所柄、好みが分かれるからである。個性が過ぎると忌み嫌われ、無難を選択すれば埋没する。心地よいアロマとフレーバー、そこにラグジュアリーを感じさせるマンダリン オリエンタル 東京。これらの芳醇な香りとともに、このホテルの懐に身を任すステイがスタートする。都心で非日常感を味わうのに最強かつ最高なホテルといえよう。

私が選ぶ最強ホテル

日本建築と和の美を取り入れた客室

マンダリン オリエンタル 東京

- 東京都中央区日本橋室町2-1-1
- 03-3270-8800
- 1泊58000円（税サ別）〜
- CC 可
- P あり
- http://www.mandarinoriental.co.jp/tokyo/

13

\\ 充実 //

02

SHIROYAMA KANKO HOTEL

城山観光ホテル

鹿児島を代表するデラックスホテルとして名高いホテル。鹿児島市街から錦江湾、そして桜島が望めるロケーションは感動的。シティホテル、リゾートホテルなどのさまざまなコンセプトを擁する"アーバンリゾートホテル"と表現することができる。快適な客室をはじめ、ロビー、ダイニング、バンケットといったパブリックスペース、何よりスタッフのホスピタリティは極上。このように魅力多きホテルであるが、中でも温泉とグルメには注目したい。

≫ 訪れるたびに素敵な気分になる
何度も通いたくなる感動のホテル

私が選ぶ最強ホテル

雄大な桜島の姿は感動的！

標高108メートルの「城山」に位置する城山観光ホテルは、まさに風光明媚という表現がピッタリ。展望温泉から鹿児島市内や桜島を一望できる「さつま乃湯」は地下1000メートルから湧き出る上質の温泉。温泉に含まれる成分が皮脂を乳化させ肌の汚れを落としやすくし、入浴後の肌はツルツルに。低温温泉サウナや冷水浴、貸し切り風呂（別料金）など充実の設備を備える。日帰り温泉プランもあるが、自慢の泉質とロケーションを満喫するなら、やはり宿泊したい。ゆったりステイなら鹿児島市内の観光も満喫できる。鹿児島中央駅や天文館といった市街地の主要スポットとホテルを結ぶ循環バスは、市民にとっても馴染み深い。宿泊に限らずホテルの利用者を対象に無料運行されている。

≫ 朝から食欲全開すること必至！
約80種類の朝食バイキング

城山観光ホテルといえば、全国区の人気を誇る朝食ビュッフェは外せない。約80種類のメニューが揃う圧巻の和・洋バイキングは、選ぶのに迷ってしまう。おすすめは「豚骨」や近海でとれた魚介類、さつま揚げといった鹿児島の食材を用いた料理。ホテルメイドのパンも好評だ。朝食会場は明るく開放的な「レインボーホール」（利用者が多数の場合は別途大きな会場への変更もあり）。季節が良ければ、オープンエアのテラス席も利用できる。テラスから望む錦江湾越しの桜島は圧巻。最近、爆発的ヒットとなった、ホテルオリジナルの「知覧茶ジャム」は、是非お土産にしたい一品。知覧茶とは鹿児島で栽培されている緑茶ブランド。「パティスリーSHIROYAMA」の栄村洋樹 調理長により手づくりされている限定品で、パンやヨーグルトなどに相性抜群。

ご当地の鹿児島や九州だけはなく、全国のファンを魅了するホテルで、シティホテルはもちろんリゾートホテルの要素も併せ持つ。城山観光ホテルステイの魅力は、温泉、眺望、グルメ、そして何と言っても洗練された居心地の良い空間。ホテル全体にご当地"薩摩"が落とし込まれ、鹿児島県もフィーチャーするという進取性に富む。このホテルをそのまま東京へ持っていったらどうなるだろうか、と考えたことがあるが、きっと違和感があるだろう。言葉は悪いが「誇り高き土着」。ホテルもそしてスタッフも鹿児島に根付いているところに、かつて感じた素敵な気分の理由が隠されているのだろうと思う。癒しあふれるホテルステイは鹿児島の特別時間としてゲストの心に刻み込まれるだろう。

私が選ぶ最強ホテル

城山観光ホテル

- 鹿児島県鹿児島市新照院町41-1
- 099-224-2211
- 1泊9545円（税サ別）〜
- CC 可
- P あり
- http://www.shiroyama-g.co.jp/
- ※2018年5月に「城山ホテル鹿児島」へ名称変更の予定です。

十数年、通っているホテルです

\ ラグジュアリー /

HOTEL COCOGRAND TAKASAKI

ホテル ココ・グラン高崎

カテゴリーはビジネスホテルであるが、アーバンリゾートをコンセプトにするココ・グラン高崎。全客室に大画面テレビ、マッサージチェア、電子レンジまで備えているので、連泊でも快適なステイが実現できるだろう。10階には宿泊者専用の大浴場がある。ジャグジー、サウナや炭酸泉露天風呂までも配された充実の内容だ。リラクゼーションもコンセプトといえるだろう。宿泊主体型ホテルでリラクゼーションとは嬉しい。

>> 駅から徒歩3分の好立地と高級マンションのようなロビー

私が選ぶ最強ホテル

最上階11階の1101号室「プレミアムココスイート」は、ココ・グラン高崎の真骨頂ともいえる客室。ホテル内に1室のみの最高級ルームである。客室面積はなんと100平方メートル。幅150センチのベッド2台がハリウッドタイプで配されている。デスクも2カ所あり出張時など急なパソコン作業が発生した際もサクサク作業が進む。52インチのテレビはキャスター付きの専用台で移動も可能。マッサージチェア、デロンギのオイルヒーター、タオルウォーマーまで設置されている。選び抜かれたアメニティは圧巻の種類で、ココ・グラングループが提唱する「女性に優しいリラクゼーションホテル」を体現している。そして女性に優しいホテルは同時に男性にも優しいのだ。

アメニティは男性用の洗顔料や化粧水も

≫ ビジネスホテルでは珍しい
バーカウンターが大人の時間を演出

「プレミアムココスイート」の広々したデッキテラスには露天風呂とミニプール。浴室にはテレビ付きジャグジーバスと岩盤浴にスチームサウナまで。贅の限りを尽くした設備は希有(けう)。1階から誰にも会わずにエレベーターで直行できるなど、導線も工夫されているココ・グラン高崎。ベッドから浴室までの距離や、配置もよく考えられた客室のレイアウトは秀逸。ここは高崎？ビジネスホテル？リゾートホテルにステイしているかのような気分に。リゾート地はもちろんリラクゼーション要素は詰まっているが、遠方で交通が不便なケースもある。気ままに出向く時間を作るのはハードルが高い。そのような時に都市型ホテル、しかも宿泊主体型ホテルでリラクゼーションを体感できるのは嬉しい。

水と緑と光に包まれたアトリウムロビーに面する「レストラン ココ・シエール」にも注目だ。雰囲気が抜群でリッチな気分が味わえると、ランチタイムには地元ファンで行列ができる人気のレストランであるが、朝食も大人気。群馬の地産食材を用いたメニューが楽しめる。味の良さはもちろん、食器のセレクトから見せ方、スタッフサービスまでもが感動的。バーカウンターもあるので、チェックインの後や、食事の後の軽く一杯にも対応してくれる。アルコール類がホテルにして相当安価で提供されているのも人気の秘密。街で飲んだ後に〆の1杯というのも楽しいだろう。尚、ナイトタイムのバー営業は、貸し切りや休業の時もあるので、利用予定の際には事前確認するのがベター。

私が選ぶ最強ホテル

全室にマッサージチェアを完備！

ホテル ココ・グラン高崎

📍 群馬県高崎市東町3-5
☎ 027-320-1155
¥ 1泊10000円(税サ別)〜
cc 可
P なし
🌐 http://www.cocogrand.co.jp/takasaki/

\充実/ 04 REMM SHINOSAKA
レム新大阪

JR新大阪駅中央口改札に直結するホテル。改札から徒歩1分以内、雨に濡れずに到達できるという好アクセス。東京や鹿児島にも展開するレムブランド。レム睡眠・ノンレム睡眠の"レム"がホテル名の由来というだけあり、快眠には定評がある。ホテルならば眠りへの特化は当然ともいえるが、「眠りをデザインするホテル」をコンセプトにするレムのクオリティはビジネスホテルにして別格だ。深い眠りから目覚めた朝には改めて快眠を実感できることだろう。

≫ 新幹線改札口へ最速！
ギリギリまで寝ていても安心のホテル

私が選ぶ最強ホテル

チェックアウトが12時なのもうれしい

全室マッサージチェアやレインシャワーなど快眠へ導く仕掛けも感心するが、何といってもベッドマットレス「シルキーレム」の快眠度が高いと人気。こちらは、日本ベッド製造株式会社と共同開発したホテルオリジナルのベッド。高級ホテルなどで、専門メーカーと共同開発したマットレスを体験することはあるが、ビジネスホテルでは貴重だ。また、デザイン性の高い客室は、限定的な客室面積ながら必要なものが機能的に配されており、滞在するほどにわかる工夫にも感心する。

レム新大阪
📍 大阪府大阪市淀川区宮原1-1-1
☎ 06-7668-0606
¥ 1泊7408円（税別）〜
cc 可
P なし
🌐 https://www.hankyu-hotel.com/hotel/remm/shinosaka/

隠れ家
05

NOJIRIKO HOTEL ELBOSCO
野尻湖ホテル エルボスコ

北信濃の豊かな森に抱かれる野尻湖畔に佇むリゾートホテル。近代建築の巨匠である清家 清氏が手掛けた大人のためのリゾートホテルだ。"自然との共生"をテーマに掲げるリゾートホテルならではの上質な時間が流れる。ホテルおすすめの過ごし方は"読書"だという。やわらかな照明が印象的なライブラリースペースは、まるで森と一体になった自然の額縁のよう。日常から離れるステイはホテルの懐へ身をゆだねることからはじまる。

≫ まるで別荘にいる気分
　静かな時間を過ごせる大人の隠れ家

私が選ぶ最強ホテル

建築や
家具好きな方に
おすすめ

客室に入って目に飛び込む大きなピクチャーウインドウの向こうは、緑豊かな自然と湖。「読書するためのホテル」というコンセプトに奥深さを感じる。客室のシンプルでナチュラルなデザイン家具はまるで自然をリスペクトしているかのようだ。ダイニング「moment」のコンセプトは「森の中のビストロノミー」。フレンチスタイルの中に表現されるのは、リゾートらしさを感じる伝統的な家庭料理。洗練さと同時に親しみを感じる料理は滞在の楽しみだ。夜、「SOBA BAR」で味わう信州のご当地蕎麦もとても贅沢。

野尻湖ホテル エルボスコ
📍 長野県上水内郡信濃町大字古海4847
☎ 026-258-2111
¥ 1泊21000円(税サ別)〜
CC 可
P あり
🌐 http://www.nojirikohotel-elbosco.com/

\ラグジュアリー/

KONPEKI THE VILLA ALL SUITE
紺碧 ザ・ヴィラオールスイート

全室プライベートプール付きのフォトジェニックなホテルは、南国のリゾート感あふれる伊良部島に位置する。宮古島と伊良部島は伊良部大橋で結ばれ、車でのアクセスが可能。ヴィラは8300平方メートル超の広大な敷地に8棟のみ。プライベートプール越しには、伊良部ブルーをまとった紺碧の海が。客室は"オールスイート"仕様。痒いところまで手が届くホスピタリティは8棟という規模ならでは。ヴィラと海を見下ろすレストランでのディナーはフレンチ。

≫ 心地よい潮騒、どこまでも続く青空
紺碧の楽園で心休まるひとときを

私が選ぶ最強ホテル

ニューには「パリジェンヌ」と書かれている。宮古島の言葉で畑のことを「パリ」と言い、そこで働く女性の事をリスペクトする言葉遊びで"パリジェンヌ"と呼ぶ。田畑や牧場、漁師達への感謝が込められた、贅沢な島の食材を味わう滋味に富むディナーだ。日常を忘れ、良いマインドで食事ができること、これ以上幸せなことはない。ここではイメージも主張もいらない。紺碧の海があればそれでいい。ホテルは最上のもてなしをするだけ。極めてシンプルだ。それぞれのステイを満喫しよう。

> 島野菜と宮古牛に舌鼓！

紺碧 ザ・ヴィラオールスイート
- 沖縄県宮古島市伊良部字池間添 1195-1
- 0980-78-6000
- 1泊29000円（税サ別）〜
- cc 可
- P あり
- http://konpeki.okinawa/

\ 充実 /

07

MINOH KANKO ONSEN

大江戸温泉物語 箕面観光ホテル

格安温泉観光ホテルがブームだ。1泊2食1万円以下は当たり前。お手頃価格が売りの温泉観光ホテルで圧倒的人気を誇る大江戸温泉物語の旗艦店とも言える箕面(きかん)観光ホテル。圧倒的な規模と多彩なサービスは驚愕だ。山腹から街を見下ろすように佇む存在感は圧巻。ホテルに併設された日帰り温泉施設が「箕面温泉スパーガーデン」。独特なトロツヤ感がある至極の泉質も魅力。宿泊者は無料で利用できる。とにかく温泉づくしの滞在が気軽に実現できるホテルなのだ。

》 スケールの大きさは必見
　エンタテインメント温泉の魅力爆発

家族旅行が盛り上がる縁日やフードコートも

標 高180メートルにある「天空の露天風呂」は宿泊者専用。大阪平野1000万ドルの夜景が一望できる感動の眺望だ。エンタテインメントも凄い。最大座席数500席を誇る箕面劇場では、大衆演劇や歌謡ショー、お笑いなど魅力的な演目を上演。夕食はバイキングだ。関西一といわれる規模のライブキッチンも魅力。食材のクオリティが高く、宿泊料金からするとにわかに信じられない充実の内容だ。これだけの楽しみと美味しさを詰め込み、満足感のある料金体系でお得なステイを実現できるのは一驚。

大江戸温泉物語 箕面観光ホテル
- 大阪府箕面市温泉町1-1
- 0570-041-266
- 1泊8280円(税サ別)〜※4名1室お1人様料金
- 可
- あり
- http://minoh.ooedoonsen.jp/

\隠れ家/
08

CAPSULE-HOTEL ANSHIN-OYADO PREMIER SHINJUKU-STATION
豪華カプセルホテル 安心お宿プレミア新宿駅前店

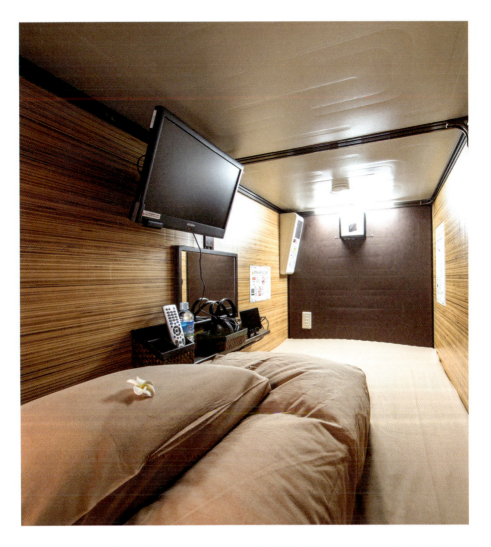

男 性専用の豪華な進化型カプセルホテルが「豪華カプセルホテル 安心お宿」だ。カプセルホテルといえば、終電に乗り遅れたサラリーマン御用達といったイメージだったが、豪華な設備やスタイリッシュなインテリアを擁する進化系施設が増えている。中でも「安心お宿」のクオリティは群を抜いている。プレミア新宿駅前店は、新宿駅東南口の一等地に立地。"カプセルホテル"と"豪華""プレミア"は一見相反するワードだが、出向いてみると納得できる。

≫ 都会の小さなオアシス
　帰宅できない男たちの「楽園」

私が選ぶ最強ホテル

疲れた体に
味噌汁サービス
がしみる！

　バリリゾートをイメージした館内は、リゾートとカプセルホテルという意外性を感じる。カプセルはスクエア型の広々空間で出入りもラクラク。寝具はシモンズ共同開発のマットレスや羽毛布団と羽毛枕を採用している。"カプセルにシモンズ"である。パブリックスペースも充実。カフェには50インチモニターがあり、フリードリンクでスポーツ観戦など楽しめる。男性用化粧品をはじめとする各種アメニティや"無料尽くしのジャブ攻撃"にノックダウン必至だ。エンタテインメント性の打ち出しも秀逸。

豪華カプセルホテル 安心お宿プレミア新宿駅前店
- 東京都新宿区新宿4-2-10
- 0120-083-184
- 1泊4611円（税サ別）〜
- CC 可
- P なし
- https://www.anshin-oyado.jp/shinjuku/

31

\ラグジュアリー/
09

WATER HOTEL S KUNITACHI
ウォーターホテルS国立

　レジャーホテルはかつて「ラブホテル」と呼ばれ、妖艶、淫靡という言葉をイメージしがちだったが、この"選ばれし大人の聖域"は外観がシンプルで美しい。ホテル名のとおり至る所に"水"をテーマとした仕掛けがある。客室のミネラルウォーターまでも厳選。全45室、さまざまなタイプが用意されているが、いずれの客室も調度品やリネンの質感、アメニティのクオリティに至るまで一流ホテルの趣だ。クオリティレジャーホテルという表現がマッチする。

》 高級ホテルを凌駕(りょうが)する
　　女性目線のクオリティとサービス

「おこもり」デートの強い味方になるホテル

　レジャーホテルでルームサービスは重要であるが、ウォーターホテルS国立の利用率はなんと90パーセント超。ゲストから圧倒的な支持を受ける。和食、洋食、デザートに各種ドリンクと豊富なラインナップだ。特に季節で変わるメニューは大好評。確かな食材でグルメなゲストを唸らせる。それもそのはず、食材の原価率はなんと60パーセントという。ハード・ソフト・ヒューマンといわれるホテルであるが、人的サービスのない業態だからこその先手をいく多彩なサービス。まさに人の温もりを感じるホテルだ。

ウォーターホテルS国立

- 東京都国立市谷保6-10-8
- 042-501-5255
- 1泊8240円(税サ別)〜
- 可
- あり
- https://www.hotenavi.com/water-01/

COLUMN 1

シティホテルとビジネスホテル

ホテルのカテゴリーとしてまず思い浮かぶのが「シティホテル」と「ビジネスホテル」だ。ビジネスホテルは和製英語で、欧米では宿泊に特化した施設はホテルではなく「イン」と表現する。シティホテルはドアマンやベルボーイ、コンシェルジュがいて、レストランやバンケットなどをしつらえ、婚礼などさまざまなサービスを提供してくれる「フルサービス」が特徴。

一方ビジネスホテルは、フロントスタッフのサービスが中心となる「リミテッドサービス」が基本だ。最近ではハイクラス型のビジネスホテルに代表されるような、豪華な設備や客室を備えたホテルもあるが、スイートルームがあろうがリミテッドサービスなら、基本的にはビジネスホテルである。

ローコスト型が定番だったビジネスホテルは、今やハイクラス型が人気。客室面積でいえば、ローコスト型が9〜12平方メートルくらいに対してハイクラス型は14〜18平方メートルと広め。この広さになると、ベッドとデスクのほか、テーブルとチェアを置けるスペースが生まれる。付帯施設でいえば、大浴場やラウンジを備えるなど、快適なステイへの気づかいがみられる。

ハイクラスタイプの料金は、ローコスト型の1.2〜1.5倍程度といったところであるが、ビジネスホテルとはいえ広い客室がほしい、快適なベッドがほしいといったものから、大浴場、できれば天然温泉露天風呂がほしいといったように、利用者のニーズは広がってきた。チェーン間の競争は激化しており、ゲストの要望を実現することは重要だ。眠りに特化するチェーン、温浴施設を充実させるチェーンなど、思いあたるホテルがあるのではないだろうか。

これまでの常識では想像もできなかったようなさまざまなコンセプトのホテルも増えている。シティホテル、ビジネスホテルといったカテゴリーも、今後その境界線は曖昧になっていくだろう。とはいえチェーンの打ち出す特色は、好みのビジネスホテルを見つけるためのメルクマールでもある。多様なチェーンを体験し、お気に入りのマイホテルが見つかれば最高だ。

デラックスホテル

居心地、サービス、すべての満足度が高いデラックスホテル。
リーズナブルに快適ステイができるホテルや、
高くても納得の大満足のホテルを厳選紹介。

\利便性/
10

ANA CROWNE PLAZA SAPPORO
ANAクラウンプラザホテル札幌

》 時計台や大通公園も徒歩圏内
　　観光の拠点にもぴったりのホテル

ANAクラウンプラザホテル札幌
- 北海道札幌市中央区北3条西1-2-9
- 011-221-4411
- 1泊10000円(税サ別)〜 ※2名1室お1人様料金
- 可
- あり
- https://www.anacpsapporo.com

　　　札幌全日空ホテルから大規模改装を終え、満を持してリブランドされた外資系ホテル。北国の大都会を一望するハイフロア(17〜20階)の客室が全面改装され、デザイン性と質感の高い客室に生まれ変わった。アメニティの質も向上。フィットネスルームの新設、レストランの改装やメニュー一新など、クラウンプラザブランドのグローバルスタンダードの導入で注目されている。世界ブランドにふさわしい、質の高いサービス提供も評価が高い。外資系ホテルが少ない札幌において、新ブランドの進出は新たなホテルトピックといえるだろう。

\ ラグジュアリー /

GRAND HYATT TOKYO
グランド ハイアット 東京

デラックスホテル

>> スタッフのホスピタリティが秀逸
　 極上ステイを叶えてくれる優雅なホテル

グランド ハイアット 東京
- 東京都港区六本木6-10-3
- 03-4333-1234
- 1泊56000円(税サ別)〜
- CC 可
- P あり
- tokyo.grand.hyatt.jp/

　六本木ヒルズに立地。クールでコンテンポラリーな表情を持つ都市型ホテル。コンセプトはステイ、ダイニング。「期待以上の体験、想像以上の感動」を提案する。ここではホスピタリティすべてが秀逸。スパでリフレッシュした後は、10あるレストラン・バーからその日の気分でダイニングをセレクト。美食やジャズの演奏を堪能するというまさに悦楽ステイ。クールな表情とは裏腹にどこまでもハートフルなスタッフにも癒される。実力高きホテルゆえに、東京でラグジュアリーホテルを捜す際には、ぜひ候補として加えてほしい。

37

\\ ラグジュアリー //

THE PRINCE SAKURA TOWER TOKYO

ザ・プリンス さくらタワー東京

>> 安らぎのひとときを演出する
都内屈指の日本庭園

ザ・プリンス さくらタワー東京

- 東京都港区高輪 3-13-1
- 03-5798-1111
- 1泊27000円(税サ別)〜
- CC 可
- P あり
- http://www.princehotels.co.jp/sakuratower/

厳選された高級ホテルからなるマリオット・インターナショナルの「オートグラフ・コレクション」に日本で初めて加盟した、まさにラグジュアリーなホテルだ。客室のワイドな窓から見下ろす四季折々の日本庭園に心底癒される。充実の施設も嬉しく、リラクゼーションフロアの「サウナ&ブロアバス」には、ドライとミストの2種類のサウナがある。クオリティ高きレストランにも注目。中でも「リストランテ カフェ チリエージョ」の和を意識したイタリアンは独創性にあふれる。春には桜が咲きほこり、庭園の眺めも特別感たっぷりだ。

\ 充実 /
13

TOKYO DOME HOTEL
東京ドームホテル

デラックスホテル

≫ 寛(くつろ)ぎとエンタテインメントが共存する
新しいホテル体験をお届け

東京ドームホテル
- 📍 東京都文京区後楽1-3-61
- ☎ 03-5805-2111
- ¥ 1泊21000円(税サ別)〜
- CC 可
- P あり
- 🌐 https://www.tokyodome-hotels.co.jp/

　ファミリーユースのデラックスホテルでイメージするのが、リゾート地や観光地のホテル。都市部では希有(けう)であるが、ファミリーに優しい都心ホテルの筆頭ともいえるだろう。東京ドームに隣接し、東京ドームシティ アトラクションズやラクーアといった、エンタテインメントとアミューズメントが融合するエリアに立地。ホテル内にはさまざまなレストランがあるが、北海道フェア等で知られるスーパーダイニング「リラッサ」は人気のブッフェレストラン。客室のタイプもバラエティ豊富で旅のスタイルによってセレクトできる、包容力あるホテルといえる。

39

\絶景/
14 INTERCONTINENTAL TOKYO BAY
ホテル インターコンチネンタル 東京ベイ

>> 東京湾の景色を一望
　　水上バス観光の拠点にも最適

ホテル インターコンチネンタル 東京ベイ
- 東京都港区海岸1-16-2
- 03-5404-2222
- 1泊40000円(税サ別)〜
- cc 可
- P あり
- https://www.interconti-tokyo.com/

東京ベイエリアならではの、特筆すべき眺望が印象的なホテル。竹芝埠頭のたもとにたたずむ非日常感あふれるデラックスホテルだ。都心にありながらリゾートを感じる都市型リゾートホテルともいえよう。ホテル全体に質の高さを感じるが、特に"眠りのおもてなし"をコンセプトにした客室ステイは魅力的だ。アメニティのセレクトも感動的。ヘルシー・ビューティー・フレッシュをコンセプトにした、和・洋数種のハイレベルなレストランも揃う。眺望とグルメ、そして眠り。ホテルに必要な条件が揃ったラグジュアリー感にみちた空間は感動的だ。

\\ 上質 //

HOTEL GAJOEN TOKYO
ホテル雅叙園東京

デラックスホテル

>> ホテル内を彩る美と巧みの共演
　　雅(みやび)を体現する「日本美のホテル」

ホテル雅叙園東京
- 東京都目黒区下目黒1-8-1
- 03-5434-3837(フロント)
- 1泊60000円(税サ別)〜
- 可
- あり
- http://www.hotelgajoen-tokyo.com/

目黒雅叙園から「ホテル雅叙園東京」へリブランド、注目を集めるホテルだ。訪れた者を感動させるのが絢爛(けんらん)たる美の結集。館内は江戸時代より受け継がれてきた日本の伝統的な美意識がちりばめられている。リニューアルにより更に快適になった客室は、全室80平方メートル以上のスイートで全室にジェットバスとサウナが設置。そんなクオリティ高きホテルのダイニングの中で「New American Grill "KANADE TERRACE"」は気軽に楽しめておすすめ。他にも注目のダイニングが多い。伝統とモダンが融合、新たなトピックにあふれるホテルだ。

41

意外性 16

THE ROYAL PARK HOTEL TOKYO SHIODOME
ザ ロイヤルパークホテル 東京汐留

>> 新たなホテルライフを提案する
洗練されたコンセプトルーム

ザ ロイヤルパークホテル 東京汐留
- 東京都港区東新橋1-6-3
- 03-6253-1111
- 1泊15455円(税サ別)〜
- cc 可
- P あり
- https://www.rph-the.co.jp/shiodome/
※2018年4月より「ロイヤルパークホテル ザ 汐留」より名称変更の予定です。

近未来的な雰囲気の汐留に立地。著名なデザイナーやブランドが内装を手掛け、洗練されたホテルライフを提案するコンセプトルームが話題のホテル。ワイス・ワイスの木製家具で構成された客室、大塚家具とコラボした客室、英国発のホームファニシングブランド「ザ・コンランショップ」のコーディネートによる「Play」をコンセプトにした客室など多彩だ。和モダンなジュニアスイートにも注目。気分でセレクトできる部屋でワクワクするステイを。眺望の素晴らしいダイニングも是非訪れたい。

グルメ
17

KICHIJOJI DAIICHI HOTEL
吉祥寺第一ホテル

デラックスホテル

>> 歴史あるボウリングセンターも併設
　　個性あふれる武蔵野のシティリゾート

吉祥寺第一ホテル
- 東京都武蔵野市吉祥寺本町2-4-14
- 0422-21-4411
- 1泊15000円(税サ別)〜
- 可
- あり
- https://www.hankyu-hotel.com/hotel/dh/kichijojidh/

　お洒落な街の人々に愛されるデラックスかつコミュニティ機能が高いホテル。客室の眺望は外に向いているのが一般的だが、このホテルでは内側、すなわちアトリウムロビーに向いた客室も一興だ。窓を少しあけるとラウンジでお茶を楽しむ人々の声、流れる心地よいジャズの響き。文化的空気漂う吉祥寺を質の高い客室から感じることができる。6店舗ある充実の各種レストランは、コミュニティホテルとしての存在感を示すかのようだ。中でも鉄板焼「むさしの吉祥」はおすすめ。厳選された和牛、海の幸が存分に堪能できる。

ORIENTAL HOTEL TOKYO BAY
オリエンタルホテル 東京ベイ

≫ 移動も食事もスムーズ
家族が笑顔になれる「夢の国」のホテル

オリエンタルホテル 東京ベイ
- 千葉県浦安市美浜1-8-2
- 047-350-8111
- 1泊1名様5050円(税サ別)〜
- CC 可
- P あり
- https://www.oriental-hotel.co.jp/

東京ディズニーリゾート®最寄りの舞浜駅からひと駅隣の新浦安駅前に立地するホテル。リゾート周辺に点在するホテルよりも、電車でひと駅移動した方が時短アクセス可能というケースも多い。注目なのが、専用ラウンジ「ママサロン」や赤ちゃんと安心して過ごせる11階の「ベビーズスイート」、遊びざかりキッズが楽しめる12階の「キディスイート」といった客室。ベビー・キッズ連れのファミリーにリピーターが多いことで知られるホテルだ。レストランも多彩。朝ごはんランキングで上位となった「グランサンク」の朝食メニューは注目。

\利便性/
19

HOTEL NIKKO NARITA
ホテル日航成田

デラックスホテル

>> 家族や友だちと空港前泊
便利で楽しいコネクティングルーム

ホテル日航成田
- 千葉県成田市取香500
- 0476-32-0032
- 1泊5893円(税サ別)〜
- 可
- あり
- http://www.nikko-narita.com/

成田空港周辺ホテルの中でも、秀逸なリニューアルをしたことで注目のホテル。リゾート感もフィーチャーしつつハイセンスでエキゾチック、インターナショナルな雰囲気があふれる。コーヒーラウンジや24時間営業のコンビニエンスストアなどを併設、利便性の高さも光る。「和洋室 J-Style ファミリールーム」は"和"がコンセプトで斬新。小上がりの畳スペースもあり、ふとんを4枚並べて眠れる。成田地区では珍しい1室4名利用が可能。グルメホテルでもあり、オープンキッチンが印象的なカジュアルレストランは人気のダイニングだ。

45

\隠れ家/

RADISSON NARITA
ラディソン成田

>>> 周辺散策に嬉しい自転車レンタル
健康志向の方に人気のサウナも完備

ラディソン成田
- 千葉県富里市七栄650-35
- 0476-93-1234
- 1泊8000円(税サ別)〜
- 可
- あり
- http://chi-hotelsresorts.com/

成田空港周辺で意外に少ないインターナショナルブランドホテルのひとつ。東京ドームの2.5倍もある広大な敷地や、庭園がロケーションの屋内外プール、スポーツクラブをはじめ多彩なスポーツアクティビティも楽しめる。客室やレストランのクオリティも高い。航空会社のクルーが多く利用するので、海外のホテルにいるような気分になる。都市型ホテルにしてアーバンリゾートをコンセプトにする環境は贅沢だ。コスパ高いステイも魅力。ホテル利用者は駐車場が無料で利用できるので、空港利用の前泊・後泊に是非利用したいホテルだ。

\ 上質 /
21

HOTEL NEW GRAND
ホテルニューグランド

デラックスホテル

》 西洋文明の架(か)け橋となった瀟洒(しょうしゃ)な空間
　歴史的建造物には貴重な調度品も

ホテルニューグランド
- 神奈川県横浜市中区山下町10
- 045-681-1841
- 1泊15000円(税サ別)〜
- cc 可
- P あり
- https://www.hotel-newgrand.co.jp/

昭和2年(1927)に開業した横浜を代表するホテル。正統派クラシックホテルとしての伝統と格式は、世界の歴史と共に歩み続けてきた重みがある。特に「本館」の重厚感は圧倒的。戦後、マッカーサー元帥が来日の際、執務室として使ったことで知られる「マッカーサーズスイート」には実際に使用した家具が残されているほか、文豪・大佛次郎(おさらぎ)が愛用した客室など、当時の雰囲気を今に伝えている。洗練されたインテリアも魅力だ。伝統と格式あるダイニングも揃う。クラシックホテルの矜持を感じるホテルステイになるはずだ。

\\ ラグジュアリー //

YOKOHAMA BAY SHERATON HOTEL & TOWERS
横浜ベイシェラトン ホテル&タワーズ

>>> 利便性と快適性を併せ持つ
    ワールドクラスのクオリティホテル

横浜ベイシェラトン ホテル&タワーズ
- 神奈川県横浜市西区北幸1-3-23
- 045-411-1111
- 1泊30000円(税サ別)〜
- CC 可
- P あり
- https://www.yokohamabay-sheraton.co.jp/

横浜でのデラックスホテル立地はみなとみらいや山下地区が有名だが、横浜駅周辺で唯一といえる外資系ホテル。ハイセンスなインテリア、キングサイズのベッドなど外資系ブランドのクオリティで快適ステイを約束する。シェラトンクラブ宿泊者専用ラウンジ「シェラトンクラブラウンジ」は秀逸。ゾーン分けにより用途に合ったレイアウトを意識。ワークステーションは2か所に分かれている。高級感と共に実用的な魅力もあるラウンジだ。多彩なグルメも魅力。おすすめは中国料理「彩龍(さいりゅう)」だ。最新の広東料理が楽しめるのは嬉しい。

\グルメ/
23

ROSE HOTEL YOKOHAMA
ローズホテル横浜

デラックスホテル

>> 中華街にある最高立地のホテル
　　ルームサービスでも老舗の味に舌鼓

ローズホテル横浜
- 神奈川県横浜市中区山下町77
- 045-681-3311
- 1泊30500円(税サ別)〜
- cc 可
- P あり
- http://www.rosehotelyokohama.com/

横浜中華街の名店「重慶飯店」と経営会社が同じなため、ホテル内に「重慶飯店 新館レストラン」のほか個室レストランがある。ホテルから外に出ることなく絶品中国料理が堪能できるのは贅沢だ。おすすめの客室はデラックスルーム。格調高い重厚感のあるインテリアにあって明るい色調のファブリックが印象的。楽しみは朝食ブッフェ。目の前で焼き上げるオムレツは魅力。熱々の焼売や中華粥が並ぶ点心コーナーはさすが重慶飯店クオリティ。エキゾチックな雰囲気にあふれる館内、中華街にあるデラックスホテルとしての存在感が光る。

上質
24

URAWA ROYAL PINES HOTEL
浦和ロイヤルパインズホテル

>> 最長22時間滞在も
   カップルに嬉しいのんびりステイを実現

浦和ロイヤルパインズホテル
- 埼玉県さいたま市浦和区仲町2-5-1
- 048-827-1111
- 1泊15000円(税サ別)〜
- cc 可
- P あり
- http://www.royalpines.co.jp/

浦和のランドマーク的な高層ホテル。宿泊はもちろん、レストラン、バンケットなど多用途に利用できるフルサービスタイプのホテル。ラグジュアリー感ただようロビーをはじめ、館内全体にデラックスホテルらしいグレードの高さを感じる。プライベート感の高い客室は、ベッドをはじめとした調度品への気づかいを感じる。何より眺望が素晴らしい。サービスレベルも秀逸だが、郊外のホテルならではの気軽に利用できるプランや料金設定も嬉しい。都心からのアクセスも良好なので、東京ホテルステイにプラスαの選択肢にもなるだろう。

隠れ家 25

SIR WINSTON HOTEL
サーウィンストンホテル

デラックスホテル

>> ロマンティックで華やか
　 天蓋つきベッドの部屋で貴族気分を

サーウィンストンホテル

- 愛知県名古屋市昭和区八事本町100-36
- 052-861-7901
- 1泊10000円(税サ別)〜
- 可
- あり
- http://www.bestbridal.co.jp/hotel/yagoto/

オシャレな雰囲気の八事に立地する品格あるホテル。街の雰囲気に溶け込むような白亜の瀟洒な外観が素敵だ。ロビーにはクリスタルのシャンデリアが輝き、客室のクオリティと共にグルメもホテルの魅力といえる。レストランは、イタリアン、鉄板焼きなど多彩。「カフェラウンジ W Cafe」のスイーツは感動的。2階「マンジャーレ」での朝食は、和洋から選べるメイン料理が人気。出来たてが個別に提供される。中心部からは少し離れた立地だが、オシャレで閑静な場所で充実のステイが実現できるホテルだ。

\\ 上質 //
26

STRINGS HOTEL NAGOYA
ストリングスホテル 名古屋

≫ 壮観！　フォトジェニックな大聖堂
　　新しいスタイルのアーバンリゾートホテル

ストリングスホテル 名古屋
- 愛知県名古屋市中村区平池町4-60-7
- 052-589-0577
- 1泊12000円(税サ別)〜
- 可
- あり
- http://www.strings-hotel.jp/nagoya/

名古屋駅近くのささしまライブ24地区にあるデラックスホテル。客室で素晴らしいのがベッド周り。マットレスはマイナスイオン加工したシーリーベッドの最上級ブランド「ブラックレーベル」が採用されている。バスアメニティは真珠ブランドの「ミキモト」を使用。快眠と癒しのホテルだ。婚礼とホテルの複合施設だけに、グルメのクオリティが高いのも魅力。ライブ感ある美食の饗宴や"最高のプロポーズ"プランなどサプライズ演出が人気。ウエディングのホスピタリティマインドは、質の高いホテルサービスにも具現されている。

\絶景/
27

NAGOYA PRINCE HOTEL SKY TOWER
名古屋プリンスホテル スカイタワー

デラックスホテル

>> 全室トレインビュー
　　マニア垂涎のリアル鉄道ジオラマ

名古屋プリンスホテル スカイタワー
- 愛知県名古屋市中村区平池町4-60-12
- 052-565-1110
- 1泊13000円(税サ別)〜
- cc 可
- P あり
- http://www.princehotels.co.jp/nagoya/

　リンスホテルブランド名古屋初進出で注目されるホテル。何といっても眺望が素晴らしい。名古屋駅周辺に高層ホテルは数あれど、駅全体を望めるホテルはここだけといえる。これほどのパノラミックな眺望は名古屋のホテルとしても貴重だ。「Sky Dining天空」でのクオリティ高きディナーブッフェや、ご当地メニュー豊富な朝食ブッフェもまた眺望がごちそうだ。客室にはさまざまな工夫があり、進化するプリンスホテルを実感するだろう。プリンスホテルの名古屋初進出として地元でも話題。名古屋ステイの選択肢になるだろう。

\隠れ家/ 28

THE JUNEI HOTEL KYOTO IMPERIAL PALACE WEST
THE JUNEI HOTEL 京都 御所西

≫ 五感に響く心地よさ
　　細胞レベルで安らげる京のホテル

THE JUNEI HOTEL 京都 御所西
- 京都府京都市上京区東堀川通下長者町下る3-14
- 075-415-7774
- 1泊22307円(税サ別)〜
- 可
- なし
- http://www.juneihotel.com/

京の路地にたたずむ癒しとやすらぎの空間。客室のしつらえが全く異なるのは全8室という規模ならでは。天井の高さをはじめとし京都の建築条件の厳しさを随所で感じるが、それを生かすかのような設計は見事。各所にちりばめられた京都の伝統技術とあいまって、五感で感じるゆったり京都ステイが楽しめる。客室の厳選された調度品も秀逸。朝食は仕出しの老舗「二和佐」の京料理が部屋に届けられる。文化を感じる感動朝食から都の四季を堪能できる。京都をフィーチャーしたホテルは多いが、立地・規模などこれほどまでに京都を感じる宿は贅沢の一言。

\利便性/

29

COURTYARD MARRIOTT HOTELS SHIN-OSAKA STATION
コートヤード・バイ・マリオット 新大阪ステーション

デラックスホテル

>> 新大阪駅から徒歩1分
行動の拠点に圧倒的な好ロケーション

コートヤード・バイ・マリオット 新大阪ステーション

- 📍 大阪府大阪市淀川区宮原1-2-70
- ☎ 06-6350-5701
- ¥ 1泊34000円(税サ別)〜
- CC 可
- P あり
- ⊕ http://www.cyosaka.com/

新大阪駅の北口至近という最高立地のマリオットブランドホテル。全332室の客室は全て30平方メートル以上。アースカラーやカルチャーパターンを取り入れたモダンなデザインや、新大阪の夜景が一望できるクラブラウンジに外資系のセンスを感じる。しつらえ・調度品、アメニティにもクオリティの高さが光る。朝食が提供されるダイニングはライブクッキングが魅力。スムージー、野菜ジュースなどが充実したドリンクステーションも健康的だ。朝からパワーチャージ必至。周辺のサラリーマンなどに大人気のランチタイムもぜひ体験したい。

55

\絶景/
30

ART HOTEL OSAKA BAYTOWER
アートホテル大阪ベイタワー

>>> 宝石を散りばめたような夜景にうっとり
地上200メートルからの大パノラマ

アートホテル大阪ベイタワー

- 大阪府大阪市港区弁天1-2-1
- 06-6577-1111（平成30年3月29日より）
- 1泊9500円（税サ別）〜
- CC 可
- P あり
- http://www.mystays.com/baytower/ja/

51階建ての高層ホテルから望む絶景が感動的なホテル。「夜景のきれいなホテルランキング」入りしたこともある地上200メートルの眺望ホテル。快適な客室をはじめ、ユニバーサルシティや海遊館などベイエリアの注目スポットへ好アクセスなのも魅力。大阪環状線の弁天町駅と直結の複合施設「オーク200」にホテルのエントランスがある。複合施設内にはコンビニエンスストアほか多数のショップがあり、ホテルステイの快適性を高めている。また、ホテル内のレストランも充実。眺望、非日常感、実用性がともなった使えるホテルといえる。

※平成30年3月29日に、旧ホテル大阪ベイタワーを改装しリブランドオープンの予定です。

\\利便性//

HOTEL HANSHIN
ホテル阪神

デラックスホテル

>> 北新地も徒歩圏内
大阪の中心で癒やしのステイを

ホテル阪神
- 大阪府大阪市福島区福島5-6-16
- 06-6344-1661
- 1泊8000円（税サ別）〜
- cc 可
- P あり
- http://www.hotelhanshin.com

特 筆すべき立地のホテル。大阪駅からJR大阪環状線で1駅の福島駅前にそびえるホテル。驚愕なのが全客室内バスルームで天然温泉が楽しめること。都市型ホテルでは見たことのない設備で、温泉好きにはたまらない。スパ施設も充実。7階の男性専用「阪神サウナ」は、天然温泉の露天風呂はもちろん、ジャクジーの開放感も抜群だ。高温のドライサウナはスペースも広く、サウナ好きにはたまらない施設といえる。レストランも充実。ブッフェスタイルの朝食は2階にあるマルシェダイニング「ネン」で。明るいスペースが印象的。

グルメ 32

SANDAHOTEL
三田ホテル

》 ホテルアクセス良好なゴルフコースは21
　快適なゴルフステイを実現

三田ホテル
- 兵庫県三田市けやき台1-11-2
- 079-564-1101
- 1泊9000円(税サ込)〜
- 可
- あり
- https://www.sandahotel.jp/sh/

甲山地の北側、自然豊かな三田市にあるホテル。丘陵に建つ綴やかなカーブを描いた美しい外観が印象的だ。パブリックスペースから客室に至るまで、アーバンリゾートホテルのイメージでデザイン性も高く、デラックスホテルのクオリティを感じる。陽光の恵みに満ちた客室には明るいインテリアがよく似合う。グルメホテルとしても知られるが、日本のふぐ料理公許第一号の老舗ふく料理店「春帆楼」の味が楽しめるのは感動的だ。ダイニングやカフェなど、地元の方々も多く利用。コミュニティホテルとしての存在感も高い。

\ 絶景 /
33

KOBE MERIKEN PARK ORIENTAL HOTEL
神戸メリケンパークオリエンタルホテル

デラックスホテル

》 船旅のようなリゾートステイ
　　海を全身で感じられるホテル

神戸メリケンパークオリエンタルホテル
- 兵庫県神戸市中央区波止場町5-6
- 078-325-8111
- 1泊16000円(税サ別)〜
- 可
- あり
- http://www.kobe-orientalhotel.co.jp/

神 戸港中突堤にある白い波をイメージした外観のリゾートホテル。周囲270度が海のため4方向を見渡すことができる。神戸のパノラマと美しい夜景が客室でも楽しめる。眼前の海と空、そしてリゾート感。まるで豪華クルーズ船に乗っている気分になるホテルだ。全室バルコニー付きの客室は、3つの異なるバリエーションがありセレクトも楽しい。14階には日本で唯一の「ホテルに立つ公式灯台」(年2回の一般公開あり)がある。レストランも充実。中でもステーキハウス「オリエンタル」はおすすめ。神戸ビーフを堪能できる名店だ。

59

\ グルメ /
34

HOTEL HEWITT KOSHIEN
ホテルヒューイット甲子園

>> オールインワンのダイニングで
和・中・鉄板料理を欲張り・贅沢に満喫

ホテルヒューイット甲子園
- 兵庫県西宮市甲子園高潮町3-30
- 0798 48 1111
- 1泊8400円(税サ別)〜
- 可
- あり
- http://hotel-hewitt.com/

阪神甲子園球場の斜め向かいという立地のデラックスホテル。明るい吹き抜けのロビーが印象的。レストランやカフェ、バンケット施設なども充実のコミュニティホテルといえる。ホテルの格を表すような質感の高い客室は快適ステイを約束する。グルメホテルとしても知られるが中でもおすすめは「七園(ななえん)」だ。ここでは折衷コースをぜひ味わいたい。和食、中国料理、鉄板焼の各料理長が選び抜いた食材で調理した料理の数々がテーブルを彩る。野球観戦を楽しんだ後に、充実のデラックスホテルステイで癒されるのは最高のひとときだ。

\意外性/
35

THE RESIDENTIAL SUITES FUKUOKA
ザ・レジデンシャルスイート・福岡

デラックスホテル

≫ 充実のパブリックスペースや店舗
ストレスフリーの長期滞在を!

ザ・レジデンシャルスイート・福岡
- 福岡県福岡市早良区百道浜1-3-70
- 092-846-8585
- 1泊6500円(税別)～
- 可
- あり
- http://www.trs-fukuoka.co.jp/

福岡で人気の百道地区(シーサイドももち)に立地するレジデンスホテル。レジデンスホテルとは、同一施設内にホテルの客室とレジデンス(住居)がある施設を指す。宿泊者と居住者でパブリックスペースを共用することも特徴。客室は広めで、一般のホテルならばスイートルームクラスの面積にして料金はスタンダードクラスというコストパフォーマンスの高いステイが期待できる。客室にはキッチン(キッチンセットのレンタルも)があり滞在型ホテルとしての価値も高い。24時間営業のコンビニエンスストアも施設内にある。

\ ラグジュアリー /

36

GRAND HYATT FUKUOKA
グランド ハイアット 福岡

》 グランドクラブルームのリザーブで
　　ワンランク上のホテルステイを

グランド ハイアット 福岡
- 福岡県福岡市博多区住吉1 2 82
- 092-282-1234
- 1泊20000円(サ込税別)〜
- 可
- あり
- https://fukuoka.grand.hyatt.jp/

福岡の人気スポット「キャナルシティ博多」に立地する、福岡を代表するデラックスホテル。客室は東洋と西洋の融合美がテーマで、落ち着いた色調に癒される。モダンインテリアや障子風のデザインが取り入れられている。グルメも魅力。ライブキッチンが印象的な「THE MARKET F」で、新鮮ご当地食材のグリル料理を味わいたい。グランドクラブルームとスイートを利用するゲストは、専用ラウンジで特別なサービスを受けることができる。中でも充実のカクテルアワーや朝食がゆったり楽しめるのは、ラウンジの特権ともいえるだろう。

絶景 37

AGORA FUKUOKA HILLTOP HOTEL&SPA
アゴーラ福岡山の上ホテル&スパ

デラックスホテル

>> 緑豊かな空間で受ける至極のスパは
まさに癒やしのサンクチュアリ

アゴーラ福岡山の上ホテル&スパ
- 福岡県福岡市中央区輝国1-1-33
- 092-771-2131
- 1泊17200円(税サ別)〜
- 可
- あり
- http://agorafukuoka-hilltop.com/

福岡市街の喧噪から隔離されたサンクチュアリのようなホテル。桜坂を上がった丘の上に位置。特筆すべきは、福岡市街を一望できる素晴らしい眺め。丘の上の静寂や自然に囲まれたロケーションが解放感をもたらす。大きな窓越しに緑を望めるリラックス度満点の温浴施設も魅力。肌に優しい滑らかな泉質の炭酸ナトリウム質アルカリ天然温水。サウナや冷水浴でリフレッシュ。「ヒルトップスパ」はリピーターも多いリラクゼーションスポットだ。都会の中心部から至近にこのようなホテルがあるのは感動的。福岡ステイでぜひ一度は訪れたい。

COLUMN 2

外資系ホテルと内資系ホテル

日本のホテル史を語るときに"御三家"は重要なワードだ。御三家とは「帝国ホテル」「ホテルオークラ」「ホテルニューオータニ」を指す。日本のホテル業界を席巻してきた伝統と格式あるホテルだ。ところが1990年代に入り外資系ホテルが上陸する。「パークハイアット東京」「ウェスティンホテル東京」「フォーシーズンズホテル椿山荘東京」が開業し"新御三家"などと呼ばれた。

外資系の進出は止まらない。さらに"新新御三家"といわれたのが「ザ・リッツ・カールトン東京」「ザ・ペニンシュラ東京」「マンダリンオリエンタル東京」といったホテルだ。その後も外資系ブランドの上陸は続き、東京から地方都市、観光地へも波及、続々と開業している。2020年に向けて新たなホテル設立の話題は続く予定だ。

このようなホテル活況は、訪日外国人客需要の高まりと密接な関係がある。外資系ブランドは、ブランディング的にも世界的に等質の設備やサービスを提供する。何より"会員プログラム"は魅力的。宿泊実績によってアップするステイタスで、享受できる恩恵が格段に増えるのだ。

例えば、同一チェーンへ年間で50滞在以上すると翌年には上級会員になり、無料のアップグレードやエグゼクティブラウンジへのアクセス権など"上客扱い"されることになる。チェーンホテル数が多いほど実績を作りやすいわけだが、世界各国を旅するホテル多頻度利用者は、東京へ来ても同じチェーンを利用するという図式だ。日本のホテル業界で外資系が席巻していることは間違いないが、激増する訪日外国人客を前に元祖御三家をはじめとした内資系ホテルの動きも活発化している。外資系チェーンと提携するホテルの増加、また訪日外国人客向けにリニューアルした客室や新しいサービスの提供なども目立つ。外資系vs内資系の顧客獲得合戦は"ホスピタリティ"と"おもてなし"の向上に繋がっていくことだろう。

3

アッパー進化系&
ビジネスホテル

充実の施設やクオリティの高い客室、
コストパフォーマンス最強のホテルを一挙紹介。

\充実/

38

ART HOTEL ASAHIKAWA
アートホテル旭川

>> 旭川観光の拠点に最適
   充実スパで疲れた身体をリフレッシュ

アートホテル旭川
- 北海道旭川市7条通6-29-2
- 0166-25-8811
- 1泊5600円（税サ別）〜
- CC 可
- P あり
- https://www.art-asahikawa.com/

旭川の繁華街から近い立地も魅力のホテル。旭川空港からの直行バスがホテル向かいの停留所に到着するので、ストレスフリーでアクセスできる。広々したロビーはホテルの格を表している。設備、備品の質感が高い客室も魅力だ。ホテルで大人気の施設がスパ「アルパ」。寝風呂やジャグジー、ハイパージェットバスなどを備える。遠赤外線サウナにミストサウナと設備も充実。ラウンジは男女共有エリアと女性専用エリアがあり寛げる。心身リラックスできるステイが実現するホテルとして、旅の候補に入れたいホテルだ。

\\利便性//
39

DORMY INN SAPPORO ANNEX
狸の湯 ドーミーイン札幌ANNEX

アッパー進化系&ビジネス

>> 札幌の中心地でほっこり、いい湯
　　冷えた身体を温める充実の大浴場

狸の湯 ドーミーイン札幌ANNEX
- 北海道札幌市中央区南三条西6-10-6
- 011-232-0011
- 1泊6009円(税サ別)〜
- 可
- あり
- https://www.hotespa.net/hotels/sapporo_ax/

　アーケード街「狸小路」に面するホテル。客室はコンパクトながらもぬくもり感じる温かい空間だ。ドーミーインといえば大浴場。男性浴場には、内風呂、露天風呂、水風呂、ドライサウナが。女性浴場には、内風呂(あつ湯、ぬる湯)、水風呂、ドライサウナと充実の設備。ドーミーイン名物「夜鳴きそば」は、向かいの「ドーミーインPREMIUM札幌」1階にあるレストラン「北の台所」にて毎夜21時30分〜23時の間で無料提供されている。清潔感の高いデュベスタイルが採用されたベッドを配した、プライベート感高い客室も魅力だ。

BESSEL INN SAPPORO NAKAJIMA KOEN
ベッセルイン札幌中島公園

≫ 北海の海鮮にスープカレー
　ハイコスパな朝食で満足、満腹

ベッセルイン札幌中島公園
- 北海道札幌市中央区南九条西4-1-2
- 011-513-0700
- 1泊5185円(税サ別)〜
- 可
- あり
- https://www.vessel-hotel.jp/inn/sapporo/

繁 華街すすきのエリア中島公園寄りに立地するホテル。明るい駅前通りに面しているので夜のすすきの探訪も安心感がある。明るく広々したロビーはまるでシティホテルのようだ。客室面積はシングルルームで16平方メートルとビジネスホテルとしてはうれしい広さ。朝食は、豊富なご当地メニューがズラリと並んだビュッフェスタイル。海鮮をたっぷり盛り付ける「勝手丼」は大人気のメニュー。スタッフのホスピタリティマインドも光るリピート必至のホテル。料金も利用しやすい設定で、北海道旅行・札幌観光のベースとしての使い勝手の良さも魅力だ。

\ 充実 /
41

HOTEL MYSTAYS PREMIER SAPPORO PARK
ホテルマイステイズプレミア札幌パーク

アッパー進化系&ビジネス

>> 天然温泉と高層階の絶景
　　出張時におすすめのコスパホテル

ホテルマイステイズプレミア札幌パーク
- 北海道札幌市中央区南9条西2-2-10
- 011-512-3456
- 1泊6543円(税サ別)～
- 可
- あり
- http://www.mystays-premier-sapporo-park.com/

地下鉄の中島公園駅や空港リムジンバスの停留所から至近の高層ホテル。すすきのからも徒歩圏内と便利。ハイフロア客室からの眺望は感動的だ。大きな窓も魅力の客室はリラックス度が高い。天然温泉の「パークサイドスパ」は人気の温浴施設。高級感あるロッカースペース、広々したパウダールーム、男性、女性に合わせたアメニティも充実。浴室にはジャグジー、サウナ、冷水浴と至れり尽せりの設備が揃っていてゆったりできる。地下鉄中島公園駅から至近で市街の人気スポットへも好アクセス。眺望も観光も楽しみたいホテル。

\\上質//

42

函館国際ホテル
HAKODATE KOKUSAI HOTEL

>> 函館港ウォーターフロントに建つ
エレガントなホテル

函館国際ホテル
- 北海道函館市大手町5-10
- 0138-23-5151
- 1泊12000円(税サ別)～
- 可
- あり
- http://www.hakodate-kokusai.jp/

人気の函館ベイエリアに立地する伝統と格式のハイグレードホテル。人気の朝市、金森赤レンガ倉庫、元町など函館の町並みを目の前にしたステイを実現。全305室の客室(2018年秋ごろにかけて一部を改装中)は、シングルルームからリビングを備えたインペリアルスイートまで多彩なタイプを揃えている。人気沸騰の朝食はさすが北海道と思わせるご当地メニューが揃う。海鮮丼のコーナーにはイクラやイカの刺身、甘エビやサーモンなどが並ぶ。シェフによるステーキの実演まであり、朝からステーキ丼も楽しめる。

\グルメ/
43

LA VISTA HAKODATE BAY
ラビスタ函館ベイ

アッパー進化系&ビジネス

>> 「眺望」という名のホテルで
　豪華すぎる朝食と函館の夜景を堪能

ラビスタ函館ベイ
- 北海道函館市豊川町12-6
- 0138-23-6111
- 1泊12282円(税サ別)〜
- 可
- あり
- https://www.hotespa.net/hotels/lahakodate/

多彩な観光が楽しめる函館ベイエリアの人気ホテル。大正ロマンを感じる館内はクラシカルな雰囲気で日常を忘れてしまいそう。ハイフロア客室からの函館港、函館山の眺望はホテルの立地ならでは。「天然温泉海峡の湯」からの眺めも最高。全国区の人気を誇る朝食は驚愕の内容。充実した海鮮ネタをたっぷり盛れる海鮮丼をはじめ、ご当地メニューが並ぶ。隣接する「函館ベイ美食倶楽部」には函館グルメがまるごと楽しめるレストランが集う。飛行機や新幹線のアクセスも飛躍的に向上した函館において、注目度が最も高いホテルである。

\充実/

44

OGALL INN
オガールイン

>> 大浴場も完備、無料朝食も充実の
コスパ最高「宿泊特化型ホテル」

オガールイン
- 岩手県紫波郡紫波町紫波中央駅前2-3-12
- 019-681-1256
- 1泊4500円(税サ込)〜※2名1室お1人様料金
- CC 可
- P あり
- http://ogal-shiwa.com/ogal-inn/

紫波町のランドマークともいえる複合施設にあるホテル。飲食店や図書館、マルシェなどさまざまな施設がありホテルステイに大助かり。飲食店のラインナップは、ワインも楽しめるカフェ、海鮮が自慢の居酒屋、岩手盛岡名物じゃじゃ麺店などバラエティに富む。もちろんコンビニエンスストアも。ホテル内は斬新なインテリア。バラエティに富んだ楽しい客室に大浴場も完備している。宿泊者全員へ無料提供される朝食は、徹底した地産地消食材で感動的。館内はデザイン性が高く案内の表記などが一目瞭然。機能性の高い客室は壁紙など個性的で楽しい。

充実

45

HOTEL PLAZA ANNEX YOKOTE
ホテルプラザアネックス横手

アッパー進化系&ビジネス

>> 天然温泉、玉川産北投石の岩盤浴など
　 スパが充実した駅チカのホテル

ホテルプラザアネックス横手
- 秋田県横手市駅前町7-7
- 0182-32-7777
- 1泊6019円(税別)〜
- 可
- あり
- http://www.yokote.co.jp/annex/

地元の方々に人気の温浴施設「ゆうゆうプラザ」を併設するホテル。ゆうゆうプラザは、温度47度、毎分720リットル自噴の本格的な天然温泉の施設。宿泊客はここを無料で利用できる。アネックス館にもサウナや水風呂を備える充実の温泉大浴場がある。調度品、インテリアも好印象、客室のクオリティが高いホテルだ。また、レストランも充実しており「湯上がり海鮮BAR」で味わえる横手牛タンは本場仙台から求め訪れる客もいるという。地元の方々で賑わう充実の温浴施設やレストランは、地域のランドマーク的ホテルを感じさせる。

\ プライベート感 /

46

GRAND PARK HOTEL PX TOKYO
グランパークホテル パネックス東京

≫ 待ち合わせや休憩利用も叶う
　スタイリッシュなエントランスロビー

グランパークホテル パネックス東京

- 東京都大田区蒲田5-9-19
- 03-5703-1111
- 1泊5500円（税サ別）〜
- cc 可
- P なし
- https://www.grandpark-px.jp/tokyo/

羽田空港や横浜へのアクセスに優れる蒲田駅至近に立地するホテル。ロビーは、色とりどりなデザインが施され、まるでリゾートホテルの雰囲気。大振りのソファやデスクなどデザイン性の高い家具や備品も揃っている。シンプルで機能的なシングルルームから、モダンで大人の雰囲気漂うツインルームなど客室タイプは多彩。朝食を提供するレストランはランチも人気。選べるメイン料理のプリフィックス型ランチハーフバイキングだ。とかく都心のホテルへ注目が集まる中、エリアを変えると新たな発見があることを感じるホテルだ。

\意外性/

47 SHIBUYA HOTEL EN
渋谷ホテル えん

》 クール・ジャパンを体現する
　ワクワク感あふれるコンセプトホテル

渋谷ホテル えん
- 東京都渋谷区円山町1-1
- 03-5489-1010
- 1泊12000円(税サ別)〜
- cc 可
- P なし
- https://www.shibuyahotel.jp/

道　玄坂下交差点からなら徒歩5分にある突出したコンセプトのホテル。テーマは「和(Wa)」。各フロアで世界観が異なる。「漫画」「手ぬぐい」「北斎 赤富士」「能舞台」「千本鳥居」「森羅万象」など印象的なデザインだ。いずれのフロアもエレベーターを降りた瞬間あっと驚く空間が広がる。一転、客室は木や石など素材の質感を生かしておりリラックス度が高い。ベッドは英国スランバーランドの最高峰「グランスイート」を採用、快眠を約束する。渋谷という躍動感ある街の中で、シンプルな外観にして館内は独自のコンセプトというギャップも楽しい。

\意外性/

48

SUPER HOTEL LOHAS TOKYO STATION YAESU CENTRAL CHUO
スーパーホテルLohas東京駅八重洲中央口

>>> 東京駅至近にして
健康と環境に配慮した快適ホテル

スーパーホテルLohas東京駅八重洲中央口

- 東京都中央区八重洲2-2-7
- 03-3241-9000
- 1泊11000円(税込)〜
- cc 可
- P あり
- http://www.superhotel.co.jp/s_hotels/yaesu/

人気チェーン「スーパーホテル」のハイクラスブランド「Lohas」を冠するホテル。壁紙や天井の素材、屋上の太陽光発電設備など、環境に配慮した仕組みがふんだんに採り入れられている。快眠ホテルとして知られるスーパーホテルだけありベッドをはじめ客室のクオリティは高い。男女別大浴場「八重桜の湯」は人気施設。健康イオン水、高濃度人工炭酸泉が楽しめる大浴場でゆったり寛げる。昨今ビジネスホテルの進化は著しいが、秀逸なコンセプトで新たなトライを試みる全国チェーンは貴重。リラクゼーションも体感できるホテルだ。

\\プライベート感//

49

HOTEL COCO GRAND UENO SHINOBU
ホテル ココ・グラン上野不忍

>> アジアンリゾートを彷彿とさせる
不忍池の畔に佇むハイコスパホテル

ホテル ココ・グラン上野不忍
- 東京都台東区上野2-12-14
- 03-5812-1155
- 1泊9074円(税サ別)〜
- cc 可
- P なし
- http://www.cocogrand.co.jp/uenoshinobazu/

眼 前に不忍池(しのばずのいけ)が広がり散策にも最適な好立地ホテル。客室はバラエティに富み、パークビューパノラマツインは大きくとられた窓から不忍池を一望できる。最上級客室はヴィラスイートツイン。デッキスペースには露天ジャグジーを設置。2階には大浴場があり、男性浴場にはドライサウナ、女性浴室には岩盤浴スペースを併設する癒しのスペース。ビュッフェ形式の朝食は無料とは思えないレベル。日替わりのデザートも人気。1階にはホテルと同一の経営会社で手掛けている、人気スイーツのアウトレットショップを併設している。

HOTEL BAR GRANTIOS BETTEI
ホテルバーグランティオス別邸

隠れ家
50

》》 都会のなかで自然を感じる露天風呂
くるくるドライヤー・美顔器の貸出は女性に人気

ホテルバーグランティオス別邸
- 東京都大田区大森北1-1-7
- 03-3768-7171
- 1泊9260円(税サ別)〜
- 可
- なし
- https://grantios-bettei.com/

大森駅至近の"和の趣"をコンセプトにするホテル。デザイン性の高さを見るとリゾート感すらあるが、ホテル名のとおりバーがテーマ。"寿司とBar"2つのテーマのカウンターを併設する。宿泊者専用の貸し切り露天風呂も設置(予約制)。都会に突如現れる自然美あふれるスペースだ。館内は旅館のしなやかさとホテルの機能美が融合した空間といえる。和御膳朝食(前日までに要予約)も必食。特に鯛茶漬けは料理人の気持ちが伝わってくるようで、朝から幸せな気分になる。客室は多彩なタイプが用意され、泊まる目的に合わせてセレクトできる。

\ 上質 /
51

HOTEL BELLCLASSIC TOKYO
ホテルベルクラシック東京

アッパー進化系&ビジネス

≫ 大ターミナルの隣駅こそ狙い目
　クオリティ高き安定のシティホテル

ホテルベルクラシック東京
- 東京都豊島区南大塚3-33-6
- 03-5950-1200
- 1泊10910円(税サ別)〜
- 可
- あり
- http://www.hotel-bellclassic.co.jp/

池袋駅の隣、大塚駅至近のホテル。ウエディングホテルとして知られるホテルゆえに、広々とした大理石調のロビーをはじめ、館内全体の豪華な雰囲気はさすが。クオリティの高さを感じる客室は更にリニューアルがすすめられ、バス・トイレが完全に独立した客室など快適な滞在を約束する。デスクに収納された鏡の両脇には"女優ライト"が配され、メイクの時に重宝しそうだ。他の客室も快適性が追求されており、質の高いホテルライフが実現できそうだ。池袋駅至近の同クラスホテルで比較すると、料金面でもこちらに分があるといえそうだ。

\利便性/

REMM ROPPONGI
レム六本木

》 快眠環境とヘルシー朝食で
　　朝から快適なスタートダッシュ

レム六本木
- 東京都港区六本木7-14-4
- 03-6863-0606
- 1泊9260円(税別)〜
- CC 可
- P なし
- https://www.hankyu-hotel.com/hotel/remm/roppongi/

六本木交差点から徒歩1分にして外苑東通りに面した好立地ホテル。客室のカラースキームが印象的だ。タイムレスな六本木の街を表現した「Soleil(ソレイユ：落日)」「Forêt(フォレ：森・緑)」「Aube(オーブ：暁)」のイメージで喧噪と隔離されたステイを満喫。ライブ感あふれるオープンキッチンが魅力の「CEDAR THE CHOP HOUSE & BAR」の朝食では「旬野菜のサラダバー」や「旬野菜やフルーツのスムージー」も味わえる。ブランドコンセプトは「眠りをデザインするホテル」。眠らない街の中心にある快眠ホテルだ。

DORMY INN PREMIUM SHIBUYA JINGUMAE

ドーミーインPREMIUM渋谷神宮前

>> 若者の街、渋谷で大人のための
ハイクラス型ビジネスホテル

ドーミーインPREMIUM渋谷神宮前
- 東京都渋谷区神宮前6-24-4
- 03-5774-5489
- 1泊8410円(税サ別)～
- 可
- あり※要予約
- https://www.hotespa.net/hotels/shibuya/

人気ビジネスホテル「ドーミーイン」のハイクラスブランド「ドーミーインPREMIUM」のホテル。明るく広々としたスペースはデザイン性が高くさすがハイクラスといった趣。ロビーで多くのゲストが寛いでいる光景は高級シティホテルの雰囲気。オープンエアスペースまで設けられた余裕あるロビーは、ここが渋谷とはにわかに信じ難い。ドーミーインといえば「夜鳴きそば」。夜食ラーメンを宿泊者全員へ無料提供する必食の人気サービスだ。お酒を飲んでホテルへ戻った時に夜食ラーメンはありがたい。利用者目線のサービスが光るホテルだ。

\利便性/
54

TOYOKO INN TOKYO OTEMACHI A1
東横INN東京大手町A1

>>> 清潔・安心・快適な部屋を
安定価格で提供する出張族の味方

東横INN東京大手町A1
- 東京都千代田区内神田1-8-10
- 03-6672-1045
- 1泊7300円(税別)〜
- 可
- あり
- https://www.toyoko-inn.com/

ビジネスホテルチェーンの代名詞ともいえる「東横INN」。ホテルの料金設定は繁忙期に高く閑散期は安い料金へと変動するのが一般的。一方、東横INNは基本的に変動させないことで知られる。全国各地にて均一クオリティで展開をしている点も特徴。無料で利用できるミネラルウォーターサーバー、ロビーのパソコン・プリンターといったサービスも嬉しい。無料朝食は、「お母さんの優しい味、あったかい手作り」をモットーにしたメニューが並ぶ。ビジネスホテルで必要なサービスを、利用者目線で実現する姿勢は歴史ある運営会社ならでは。

\意外性/
55

TACHIKAWA WASHINGTON HOTEL
立川ワシントンホテル

アッパー進化系&ビジネス

≫ 「24時間ステイプラン」も
ビジネスホテルでは群を抜いた快適さ

立川ワシントンホテル
- 東京都立川市柴崎町3-7-16
- 042-548-4111
- 1泊6900円(税サ別)～
- 可
- あり
- http://www.tachikawa-wh.com/

多摩地区の拠点都市として栄える立川駅至近のホテル。落ち着いたトーンの客室インテリア。調度品の質感も良い。ワーキングチェアとデスクライトも充実しており、仕事環境のレベルが高い。ベッドのマットレスも質感が高く、お持ち帰りスリッパの採用など、ビジネスホテルのイメージを覆す。「ビジネスホテルチェーンらしくない、が褒め言葉」とスタッフは言う。夏に地元で人気のビアテラスは雰囲気抜群。是非泊まってゆっくりビールを楽しみたい。ホテル密集エリアだけに宿のセレクトは重要だが、ブランドの安心感を感じるホテルは嬉しい。

\ 充実 /

56

NARITA GATEWAY HOTEL
成田ゲートウェイホテル

>>> 新鮮野菜や果物豊富な朝食で
旅の前後にビタミンチャージ

成田ゲートウェイホテル
- 千葉県成田市大山658
- 0476-35-5511
- 1泊4800円(税サ別)〜
- 可
- あり
- https://gateway-hotel.co.jp/

成田空港周辺ホテルの中でも快適な利用がリーズナブルにできるホテル。まず、重厚感あるロビーの豪華さに圧倒される。まるでラグジュアリーホテルのような質感だ。広めの客室面積も贅沢な気分を味わえる。無料のジムも嬉しい施設。グルメも愉しめる。ビュッフェレストランは明るい空間でバラエティに富むメニューが味わえる。モーニングビュッフェも人気。アクセスも秀逸。成田空港、市街地への無料送迎があるので行動範囲が広がる。成田空港周辺に多くのホテルがある中では、リーズナブルなプランも多いので使えるホテルといえる。

\利便性/
57

HEDISTARHOTEL NARITA
ザ エディスターホテル成田

アッパー進化系＆ビジネス

>>> 深夜のチェックインでも心強い
  24時間販売のドリンク、スナック

ザ エディスターホテル成田
- 千葉県成田市東町168-1
- 0476-23-2300
- 1泊4300円(税サ別)〜
- cc 可
- P あり
- http://hedistarhotel.com/

空 港周辺ホテルの中でも市街寄りの立地なので、成田山は徒歩圏内。観光まで楽しめる欲張りホテル。成田空港や市街への無料バスはもちろん充実している。大振りなソファが印象的なロビーは広々。和をリスペクトした桜がモチーフのウォーターウォールからは爽やかな水の音。癒しにみちた空間だ。客室タイプは豊富。スタイリッシュなインテリアで機能性も高い。約50種類と豊富なメニューの朝食ビュッフェはパワーチャージ必至だ。従前のホテルからリブランドされた施設であるが、インターナショナルなイメージがアップした。

\グルメ/

STAR HOTEL YOKOHAMA
スターホテル横浜

>>> 行列必至の人気店も並ばずOK
　　海を感じながらアメリカンな朝食を

スターホテル横浜
- 神奈川県横浜市中区山下町11
- 045-651-3111
- 1泊7576円(税サ別)〜※港側ダブルの場合
- CC 可
- P なし
- https://ssl.star-yokohama.com/

山下公園に面する最高立地のホテル。中華街も近い。客室面積は広めで機能性も高い。真骨頂は客室のバルコニーだ。海風感じ汽笛に旅情が盛り上がるシチュエーション。客室の向きによっては眺望が望めないケースもあるので、予約時に確認とリクエストをしたい。1階にはパンケーキが人気の「Eggs 'n Things横浜山下公園店」がある。行列店として知られるが、ホテルの朝食は同店で提供(朝食は宿泊者専用メニューのみ)。ゆっくり楽しむことができる。港横浜を存分に感じることができるロケーションにして、利用しやすい料金設定が嬉しい。

\ 充実 /
59

COMFORT HOTEL YOKOHAMA KANNAI
コンフォートホテル横浜関内

アッパー進化系&ビジネス

≫ ロビースペースには電子レンジも
　便利と快適を兼ね備えた満足ホテル

コンフォートホテル横浜関内
- 📍 神奈川県横浜市中区住吉町3-33
- ☎ 045-650-4711
- ¥ 1泊5500円(税サ別)〜
- CC 可
- P あり
- 🌐 https://www.choice-hotels.jp/kannai/

昼はビジネス街、夜は繁華街になる関内の人気ブランドホテル。ウェルカムコーヒーのセルフサーバーを設置、ホッとひと息つける。コンフォートホテルは眠りにも力を入れている。寝具をはじめ、ライトからタオルに至るまで気づかいにあふれる。明るく開放的な客室も魅力。無料朝食は各種おにぎりに数種類のパン、サラダにおかず、そして美味しいスープと大満足の内容。忙しい朝にスピーディーかつ充実した朝食が楽しめる。ビジネスホテルが林立するエリアにあって、その名の通り"快適"な利用ができる人気ホテル。

87

HOTEL PASELA'S FOREST KANAI
ホテル パセラの森 横浜関内

>> アルコール、スイーツ、アメニティバイキング
   無料のジャブ攻撃にノックダウン必至

ホテル パセラの森 横浜関内
- 神奈川県横浜市中区福富町東通40-4
- 0120-194-458
- 1泊12778円(税サ別)～
- cc 可
- P あり
- https://hotel.pasela.co.jp/paselanomori/

横浜の中心部にありながら、バリをテーマとするリゾートホテル。無料尽くしがテーマのひとつだ。ロビーには、ピックアップし放題の数十種類に及ぶアメニティバイキングに加え、ドリンクバーから手作りデザート、ワインまでも無料。ヘアアイロンなどレンタル品も豊富。バータイムには地下の「ハニトーカフェ」で生ハムやラーメンまで無料で提供される。しかも約50種類の飲み放題メニューまで。また、無料とは思えないレベルの朝食は必食だ。客室はリゾート気分を味わえる天蓋付きベッドを完備。プライベート空間で心からリラックスステイできる。

\隠れ家/

61

COURT HOTEL SHINYOKOHAMA
コートホテル新横浜

アッパー進化系&ビジネス

≫ 心地よいBGMに包まれたロビーは
セレブなクラブラウンジのよう

コートホテル新横浜
- 神奈川県横浜市港北区新横浜2-13-1
- 045-471-0505
- 1泊4950円(税サ別)〜
- 可
- あり
- https://www.courthotels.co.jp/yokohama/

邸宅のおもてなしをテーマに掲げるホテル。上品な制服をまとったアッシャーが出迎えてくれる(時間帯によっては不在)。ロビーは「ゲストリビング」。印象的な「キッチンカウンター」では、スタッフの手によりウエルカムドリンクがサービスされる(時間外はセルフサービス)。コーヒーは自家焙煎されたホテルオリジナルブレンド。薫り高き逸品はまさに"邸宅"のイメージだ。客室のベッドは、英国王室御用達のスランバーランド社製を採用。フラワーをモチーフにした4種類のインテリアコーディネーションも楽しい快適な客室である。

\利便性/

62

HOTEL HERITAGE HANNO STA.
ホテル・ヘリテイジ飯能sta.

>> 駅直結の安心感
   レストランも充実の都市型ホテル

ホテル・ヘリテイジ飯能sta.
- 埼玉県飯能市仲町11-21
- 042-975-1313
- 1泊8500円(税サ別)～
- 可
- あり
- https://www.hanno-heritagehotel.com/

奥武蔵の玄関口飯能を代表するホテル。高層の建物が少ない飯能市街のランドマーク的存在だ。西武池袋線飯能駅のビル「西武飯能ステーションビルPePe」のハイフロアにホテルの客室が位置する。ツインルームは37.8平方メートルと余裕の客室面積。2人掛けソファと1人掛けソファを2脚、長いローテーブルがセットされている。バスとトイレは独立型。バルコニーのある部屋は開放感満点、市街から山並みまで見渡せる贅沢な眺望だ。池袋から西武線の特急でスピーディーにアクセスできる、身近なリゾートともいえるホテル。

\絶景/
63

HOTEL MYSTAYS FUJI ONSEN RESORT
ホテルマイステイズ富士山展望温泉

アッパー進化系&ビジネス

≫ 御殿場や箱根への観光拠点としても
　 ダイナミックな富士山は感動もの

ホテルマイステイズ富士山展望温泉
- 📍 山梨県富士吉田市新倉2654
- ☎ 0555-21-7510
- ¥ 1泊8000円（税サ別）〜
- cc 可
- P あり
- 🌐 https://www.mystays.com/ja/hotel/yamanashi/hotel-mystays-fuji/

人気の遊園地「富士急ハイランド」至近のホテル。特筆すべきは富士山ビューというロケーションだ。各所で窓が大きくとられホテル全体で眺望が考慮されている。客室の向きや天気によっては、霊峰・富士の感動的な眺望が。ベッドは少し硬めのマットレスで寝返りしやすく疲れがとれる。ホテルの自慢は大浴場。最上階の展望温泉からは、もちろん富士山を望むことができる。雄大な景色に癒されながら心からリラックスできる。オシャレなテラスダイニング「シェフズレシピ」では、朝食はもちろん夕食も提供している。

91

\グルメ/

MATSUMOTO HOTEL KAGETSU
松本ホテル花月

>> パリ5つ星フレンチ出身のシェフ監修
　長野の食材、料理とワインに舌鼓

松本ホテル花月
- 長野県松本市大手4-8-9
- 0263-32-0114
- 1泊18500円（税サ別）〜
- 可
- あり
- http://www.matsumotohotel-kagetsu.com/

文化の薫り高き城下町松本のホテル。コンセプトは「民藝フィロソフィ 松本の日常の記憶」。随所に配置された「松本民芸家具」が存在感を放ち、ホテル全体に民藝の美しさを感じる。ディナーはレストラン「I¸ɐaza[ikaza]」（イカザ）で。「ながのテロワール」が料理コンセプト。喫茶室「八十六温館（やとろおんかん）」ではネルドリップで淹れたコーヒーが楽しめる。コーヒー豆の美味しさが際だつといわれる「86度」のお湯で淹れていることが店名の由来。国宝松本城へも至近。松本に精通したコンシェルジュも常駐し、ゲストの快適滞在をサポートする。

隠れ家

65

VESSEL HOTEL CAMPANA KYOTO GOJO

ベッセルホテルカンパーナ京都五条

アッパー進化系&ビジネス

>> 「京都の自宅」感覚で寛げるのは
素足で過ごす客室ならでは

ベッセルホテルカンパーナ京都五条
- 京都府京都市下京区東洞院通五条下る下万寿寺町498
- 075-353-1000
- 1泊5555円(税サ別)〜
- cc 可
- P あり
- https://www.vessel-hotel.jp/campana/kyoto/

京都観光の拠点として抜群の立地、烏丸通りに面するホテル。京の雅を感じるロビースペースは感動的。広々したラウンジも備えておりウエルカムドリンクの提供もある。ホテルの自慢は男女別の大浴場。和の雰囲気漂う癒しの空間だ。サウナや水風呂も完備されており疲労回復に効果抜群。客室では靴を脱いで過ごすことができリラックス度が高い。朝食におばんざいメニューを取り入れている。京のおもてなしを朝食ビュッフェで体験したい。さまざまなカテゴリーのホテルがある京都において、利用しやすい規模とサービスの提供が光る。

93

\\プライベート感//

66

HOTEL THE LUTHERAN
ホテル・ザ・ルーテル

>> 都会にいることを忘れそうな
ウッディで温かいインテリア

ホテル・ザ・ルーテル
- 大阪府大阪市中央区谷町3-1-6
- 06-6942-2281
- 1泊5100円(税サ別)〜
- 可
- なし
- http://www.hotel-lut.com/

地 下鉄谷町四丁目駅至近の好立地。大阪城からも近く、出口付近にはコンビニエンスストアも。ホテルエントランスには教会の入り口が隣接している。教会運営とホテル運営は別だが、ホテルは教会の雰囲気がマッチする外観、館内もウッディな印象。ホテル最大の魅力は広い客室で、シングルルームでも18.1平方メートルとビジネスホテルにしては圧巻の広さだ。大きなライティングデスクで仕事もはかどる。客室も温かみあるインテリアで心が安まる。朝食はロビーに隣接した明るくオシャレなスペースで。約40種類のメニューをビュッフェ形式で。

\意外性/

67 HOTEL & RESORT BALI TOWER OSAKA TENNOJI
ホテル&リゾート バリタワー大阪天王寺

アッパー進化系&ビジネス

>> 無料づくしのオンパレード
　　ミナミに出現した驚異のバリリゾート

ホテル&リゾート バリタワー大阪天王寺
- 大阪府大阪市天王寺区悲田院町8-1
- 0120-178-759
- 1泊8148円(税サ別)～
- 可
- なし
- https://www.balitower.jp/

あべのハルカスから至近の無料づくしホテル。フロント横にある数十種類というアメニティも全て無料、赤白用意されるワインもおかわり自由だ。また、数種のシャンプー類が並んでいて、お気に入りをそのまま客室へ持って行くこともできる。プレイルームでは、エアホッケーや『太鼓の達人』、卓球、マッサージ機までオールフリーで利用可能。館内全体はバリの雰囲気で、客室も快適かつ清潔。ホテル内を館内着で過ごせるのでリラックス度も高い。その名の通り、館内・客室共にリゾートを思わせるバリの雰囲気。非日常感を身近に味わえるホテル。

\利便性/
68

HOTEL ACTIVE! HIROSHIMA
ホテルアクティブ！広島

≫ 徹底した利用者目線のサービス
洗練された客室に人気沸騰！

ホテルアクティブ！広島
- 広島県広島市中区幟町15-3
- 082-212-0001
- 1泊5500円（税サ別）〜
- 可
- 先着順 敷地内8台及び契約駐車場
- http://www.hotel-active.com/hiroshima/

　ホテルアクティブ！は山口・博多・広島に展開するビジネスホテルチェーン。徹底した利用者目線を貫くホテルとして人気だ。広島の繁華街にあり、モノトーンの外観に真っ赤な植木鉢が目を引く。ロビーは落ち着いた雰囲気を醸し出す。客室フロアの各階には、電子レンジ、24時間ドリンクサービスのサーバーがある。常に進化する客室は機能性が高く快適だ。和洋バイキングの朝食はバラエティ豊富、無料とはにわかに信じがたい。多彩なコンセプトを打ち出すビジネスホテルが多い中で、キラリと光るサービスが秀逸なホテル。

\利便性/

TOTTORI GREEN HOTEL MORRIS

鳥取グリーンホテルモーリス

アッパー進化系&ビジネス

》 テイクアウト可能なコーヒーは
　もちろん無料、山陰観光の拠点に好適

鳥取グリーンホテルモーリス
- 鳥取県鳥取市今町2-107
- 0857-22-2331
- 1泊5000円(税サ別)〜
- cc 可
- P なし
- http://www.hotel-morris.co.jp/tottori/

　　鳥取駅前にあるホテル。ビジネスホテルにして高いクオリティの客室。一般的なシングルルームで客室面積は18平方メートル。ワイドデスク、140センチ幅のベッドを採用。驚くのは客室フロアのエレベータ前に設置された大型ラックだ。各種マクラ、加湿器、空気清浄機、ズボンプレッサーなどが配されている。人気の大浴場は男湯にジェットバス、女湯にはイオンバスが付く。パブリックスペースにはコーヒーマシンを設置、漫画コーナーも。山陰地方を中心に展開するブランドであるが、ビジネスホテルとしてのクオリティは全国でも注目。

97

\\ 上質 //
70

JR KYUSHU HOTEL BLOSSOM HAKATA CENTRAL
JR九州ホテル ブラッサム博多中央

>> 自然素材のやさしさを感じる客室
　　安心の女性専用フロアも

JR九州ホテル ブラッサム博多中央
- 福岡県福岡市博多区博多駅前2-2-11
- 092-477-8739
- 1泊8000円(税サ別)〜
- 可
- なし(提携駐車場あり)
- http://www.jrk-hotels.co.jp/Hakatachuo/

博多駅から至近のハイクラスビジネスホテル。スタイリッシュなファザードを眺めつつロビーへ進むと、印象的なローソファが配されていて、デラックスな雰囲気を醸し出す。客室のクオリティも高い。最も狭いスタンダードダブルルームでも約20平方メートル。自然素材が用いられた和モダンデザインの癒し空間が広がる。朝食は「ごちそうダイニング ななつの花」で。地元食材が多用された九州グルメ満喫の料理をビュッフェスタイルで提供。「健康を食べにきて下さい」がコンセプト。生産者の顔が見える食材を使った料理が並ぶ。

\ 上質 /
71

HOTEL FORZA HAKATA (CHIKUSHIGUCHI)
ホテルフォルツァ博多(筑紫口)

>> 使ってわかる納得の家具、設いは
　　客室に合わせたオーダーメイド

アッパー進化系&ビジネス

ホテルフォルツァ博多(筑紫口)
- 福岡県福岡市博多区博多駅中央街4-16
- 092-473-7111
- 1泊8334円(税サ別)〜
- cc 可
- P なし
- https://www.hotelforza.jp/hakata

博多駅至近の人気ホテル。必要なものを必要なだけ、がコンセプト。スタイリッシュなフロント・ロビーは静かで落ち着いた空間。宿泊者が無料で利用できるコーヒーマシンやパソコンが設置されている。独創的なインテリアデザインと質感の高さも魅力だ。ベッドのクオリティも高く安眠を約束する。高性能なシャワーパネルを採用したツインのバスルームは贅沢。全室に無料iPadなどの厳選備品を配しゲストの快適性を追求する。更に進化した新棟にも注目だ。イタリア語で元気・活力を意味する「フォルツァ」。旅人に元気と活力を与えるホテルだ。

\上質/
72

QUINTESSA HOTEL SASEBO
クインテッサホテル佐世保

》 シックなトーンはまさに大人の空間
　ロビーは居心地抜群

クインテッサホテル佐世保
- 長崎県佐世保市湊町5-24
- 0956-24-0200
- 1泊8400円（税サ別）〜
- cc 可
- P あり
- http://quintessahotels.com/sasebo/

繁 華街からも近いホテル。街には米軍の関係者も多く、インターナショナルな雰囲気が漂う。ビジネスや観光の拠点にもおすすめ。ホテルで印象的なのがロビースペース。重厚感あるウッディかつ解放感あるスペースだ。広々とした客室面積も特徴。ほぼ全室にダブルサイズ以上のベッドを配置している。バスルームも余裕のある造りだ。リバーサイドの客室からは佐世保港が一望。アメリカ海軍佐世保基地も望むことができる。近隣には外国人バーやジャズバーがあり、まるで海外にいるかのような気分が味わえるロケーションだ。

\意外性/

73

HEN NA HOTEL HUIS TEN BOSCH
変なホテル ハウステンボス

©ハウステンボス/J-18307

>> さまざまなロボットがおもてなし
　　ワクワクを追求する未来派ホテル

変なホテル ハウステンボス
- 長崎県佐世保市ハウステンボス町6-5
- 0570-064-110
- 1泊7100円（税サ別）～※2名1室お1人様料金
- 可
- あり
- http://www.h-n-h.jp/

　ロボットがメインスタッフという奇抜なネーミングのホテル。人気テーマパーク「ハウステンボス」に隣接する。チェックインの手続きもロボット。クロークではロボットアームが活躍、かわいい音声認証型ロボット「ちゅーりーちゃん」が迎えてくれる客室はクールでスタイリッシュ。機能的なレイアウトで快適そのもの。お持ち帰りスリッパも採用し清潔感への気遣いも秀逸。コンセプトこそユニークだが、決して"変な客室"ではない。世界初のロボットが働くホテルとして、ギネス世界記録にも認定された進化を続けるホテルだ。

アッパー進化系&ビジネス

101

\利便性/

74

JR KYUSHU HOTEL BLOSSOM NAHA

JR九州ホテル ブラッサム那覇

≫ 沖縄の空と海、和の癒やしを感じる
　那覇の新たなランドマーク

JR九州ホテル ブラッサム那覇
- 沖縄県那覇市牧志2-16-1
- 098-861-8700
- 1泊10300円（税サ別）〜
- cc 可
- P あり
- https://www.jrk-hotels.co.jp/Naha/

JR九州ホテルズの人気ハイクラスブランド「ブラッサム」が沖縄初進出。国際通りから至近の好立地で那覇の魅力を存分に満喫できる。窓を大きくとった広めの客室は明るく、全室セパレートタイプのバスルームも贅沢。快適ステイを約束。最上階にはテラス付きの「ライブラリーラウンジ」があり、香り高きコーヒーが無料で楽しめる。旅に関する書籍もそろっており読書タイムもゆったりと。沖縄と九州の食材が楽しめる朝食はクオリティの高さに唸る。明るいスタイリッシュなスペースも嬉しい。国際通りから徒歩1分のロケーションで街歩きにも最適。

\グルメ/

75

ART HOTEL ISHIGAKIJIMA
アートホテル石垣島

アッパー進化系＆ビジネス

≫ 八重山の二大ブランド牛「石垣牛」と
「美崎牛」にグルメなゲストも大満足

アートホテル石垣島
- 沖縄県石垣市大川559
- 0980-83-3311
- 1泊9500円(税サ別)〜
- 可
- あり
- https://www.art-ishigakijima.com/

2017年4月1日にホテル日航八重山からリブランドしたホテル。石垣離島ターミナルから近く、八重山諸島のキーステーションホテルとして利用価値が高い。ファミリータイプが中心の快適客室は眺望も魅力。石垣島の大パノラマが感動的だ。随一の眺望が楽しめるのは、最上階13階のスカイバンケット＆バー「カプリコン」。ティータイムからバータイムまでゆったり過ごせる。ダイニングは焼肉「畑人(はるさー)」がおすすめ。超軟水の大浴場は人気の施設。南ぬ島石垣空港から直行する路線バスがホテルに停車するのが嬉しい。アクセスにも優れるホテル。

103

COLUMN 3

ホテルは"いつ"予約するべきか

　旅の予定が決まったらホテルを予約することになるが、旅の目的によって予約時期は異なるようだ。とある調査によると、通常時期で0〜9日前に予約する人が36％、10日〜30日前に予約する人が27％、1ヶ月前以上前に予約する早期予約者が37％という割合だった。ゴールデンウィークや夏休みといった繁忙期になると、1ヶ月以上前に予約する人が45％、年末年始の旅行では55％を占めるという。

　通常時期では直前に予約をする人が相当数いるが、出張族などは1ヶ月前から予定が決まることは稀だろうから理解できる。また、観光旅行の場合は1ヶ月以上前にスケジュールが決定することも多いだろう。ホテルセレクトはより早くリザーブする観光旅行に分がありそうだ。事実、繁忙期のホテル予約に難儀する出張族は多い。訪日外国人客の需要の高まりもあり、どこも満室という声も聞かれる。

一方、ホテル業界で問題視されているのが、直前になるほど安売りする傾向。閑散期により多くみられる傾向であるが、繁忙期でも当日安くなっているのを時々みかける。空室ならただのハコ、背に腹はかえられないと売れ残りを処分しなければならない事情はわかる。当日限定プランやミッドナイトプランの提供など、客室を利用できる時間は短くなるものの、当日の夜になるほど安く提供されるのは一般的だ。

繁忙期のホテル予約時、いつ確認しても満室続きという中で、直前に空室が見つけられることがある。経験則でいうと宿泊希望日の4日前というタイミングだ。3日前からキャンセル料が発生する規約のホテルは多く、直前の4日前にキャンセルする人がいるということだろう。また、当日の昼から午後3時あたりもポイントだ。希望のホテルが満室でも直前に確認してみると空室が見つかることや、お得なプランに出会う可能性もある。ホテル予約の際に気に留めておくといいかもしれない。

4

 リゾートホテル

サマーシーズンだけでなくオフシーズンもおすすめ
一度は訪れたい
知られざる絶景リゾート

\上質/
76

HAKODATE ONUMA PRINCE HOTEL
函館大沼プリンスホテル

》 自然の中で過ごす至福の時間
　函館観光の拠点にもなるリゾートホテル

函館大沼プリンスホテル
- 北海道亀田郡七飯町西大沼温泉
- 0138-67-1111
- 1泊8000円(税サ別)〜
- 可
- あり
- http://www.princehotels.co.jp/hakodate/

函館エリアのリゾートとして名高い大沼公園エリアにあるホテル。秀峰駒ヶ岳を望む天然温泉露天風呂など、魅力的なロケーション。客室は2015年に全てリニューアル、快適ステイを約束。メインダイニングルームでは、西洋料理と和食、寿司カウンターなどがあり、和洋折衷の多彩なメニューが欲張りに楽しめる。食材の宝庫北海道を実感できるだろう。朝食ブッフェで提供されるホテルメイドのパンは必食の逸品だ。自然、温泉、グルメ。北海道の大自然に包み込まれるようなリゾート時間が存分に体験できる。

77 上質

HOTEL KARUIZAWA 1130
ホテル軽井沢1130（イレブンサーティー）

>> 美肌の湯で知られる「鬼押温泉」は
女性に人気の天然温泉

ホテル軽井沢1130
- 群馬県吾妻郡嬬恋村鎌原1453-2
- 0279-86-6111
- 1泊11500円(税サ込)〜
- 可
- あり
- http://www.karuizawaclub.co.jp/hotel1130/

北 軽井沢を代表するリゾートホテル。ホテル名は標高1130メートルに位置することに由来する。屋上にあるパノラマテラスからは、浅間山をはじめ多くの山々を望むことができる。多彩な客室タイプを有するが天然温泉が引き込まれた「森の中の露天風呂」付客室と「テラス露天風呂」付客室は魅力的だ。ディナーはコンチネンタルレストラン「ラ・ベリエール」で、新鮮な地元素材を生かしたシェフのオリジナルメニューを満喫したい。長野県側の軽井沢よりも気温が低いことでも知られる。四季折々の表情も楽しみたいホテルだ。

リゾートホテル

107

78 絶景

SAYAN TERRACE HOTELS & RESORTS
サヤン・テラス ホテル&リゾート

>> エントランスを抜けた瞬間
コバルトブルーの別世界が広がる

サヤン・テラス　ホテル＆リゾート

- 千葉県夷隅郡御宿町浜2163
- 0470-68-7711
- 1泊6000円(税サ別)〜
- 可
- あり
- https://www.sayanterrace.jp/

謡「月の沙漠」の舞台といわれる御宿のリゾートホテル。目の前に広がるのはオーシャンビュー。ロビーに面するオープンデッキテラスは、蒼く輝く海が眼前に迫るスペースだ。心地よい風と潮騒に癒されるだろう。客室はほとんどがオーシャンビュー。波の音と窓からそよぐ潮風はリゾートホテルの醍醐味。夏期営業のプール・ジェットバスは海を眺めながら遊べる人気施設。グルメ度も高い。テイクアウトできる朝食は思い思いの場所で楽しめる。リーズナブルな料金設定、多彩なブフンが提供されており、滞在のスタイルでセレクトできる。

\ ラグジュアリー /

79

THE PRINCE VILLA KARUIZAWA
ザ・プリンス ヴィラ軽井沢

》 滞在ヴィラに表札を出してくれる
きめ細やかな演出も人気の秘密

ザ・プリンス ヴィラ軽井沢
- 長野県北佐久郡軽井沢町軽井沢
- 0267-42-1113
- 1泊96500円(税サ別)〜※2泊より利用可
- cc 可
- P あり
- http://www.princehotels.co.jp/karuizawa-villa/

プライベート感の高い別荘気分を満喫できるヴィラ。駅南口やアウトレット至近の立地。ヴィラは「テラスタイプ」と「メゾネットタイプ」に分かれる。メゾネットタイプには温泉露天風呂付きの「メゾネットスパタイプ」も。「センターハウス」はヴィラ宿泊者専用で、各種ドリンクや軽食などがフリーで利用できる。オールインクルーシブがテーマのひとつ。「フォレストホット スプリング」の入浴やレンタサイクルなどの利用も全て込みだ。心温まるサービスを享受しつつ、ラグジュアリーな別荘体験ともいえそうなステイが楽しめる。

リゾートホテル

109

\上質/

川奈ホテル
KAWANA HOTEL

80

》 国内外の歴代VIPを迎えてきた
　由緒あるクラシックホテル

川奈ホテル
- 静岡県伊東市川奈1459
- 0557-45-1111
- 1泊36000円（税サ別）〜
- 可
- あり
- http://www.princehotels.co.jp/kawana/

温暖な気候に恵まれた景勝地、伊東の海辺にある「川奈ホテル」はクラシックなリゾートホテル。ゴルフ場をはじめ、プールやテニスコートなど充実した設備が揃うホテルだ。館内には80余年の歴史が息づいている。ロビーの暖炉、扉や照明をはじめ、調度品やしつらえなどにも注目。温泉施設「ブリサマリナ」にはサウナ、露天風呂も完備する。ホテル伝統のフランス料理は、クラシックホテルの矜持を感じる重厚かつエレガントな味わい。クラシックとはいえ快適な利用もホテルの魅力。リニューアルもなされ進化を続けるホテルだ。

充実
81

ANDA RESORT IZUKOGEN
ホテル&スパアンダリゾート伊豆高原

リゾートホテル

》 バリの異国情緒と笑顔があふれる
　無料サービス満点の温泉宿

ホテル&スパアンダリゾート伊豆高原
- 静岡県伊東市八幡野1133
- 0120-759-026
- 1泊16800円(税サ込)〜
- cc 可
- P あり
- https://www.andaresort.jp/

伊豆高原にあるバリがテーマのホテル。オリエンタルムード満点の館内は非日常感そのもの。客室タイプは多彩なので目的に応じたセレクトができる。人気のひとつが"フリードリンク"。夕食・朝食はもちろん夜食までの3食付きにして、夕食、夜食時には各種アルコール類も含め無料提供される。客室の冷蔵庫内ドリンクも無料だ。オールインクルーシブは安心感が高い。グルメにも注目だ。ボリュームあるディナーは何とメイン料理がおかわり自由。何よりスタッフのホスピタリティマインドが素晴らしい。「お帰りなさい」と迎えられるホテルだ。

111

\グルメ/
82

ROYAL OAK HOTEL SPA & GARDENS
ロイヤルオークホテル スパ&ガーデンズ

>> 昼は京都観光、夜はリゾートホテル
   旅慣れたゲストに人気のホテル

ロイヤルオークホテル スパ&ガーデンズ
- 滋賀県大津市萱野浦23-1
- 077-543-0111
- 1泊15000円(税サ込)〜
- 可
- あり
- https://www.royaloakhotel.co.jp/

琵 琵湖畔に佇む英国風のホテル。京都はホテルの稼働や料金が高めなので、程近い大津エリアは穴場だ。エントランスを抜けると円形の吹き抜けアトリウムロビー。シャンデリアも印象的。客室は45平方メートルという贅沢さ。全国にその名を轟かせる「ロイヤルオークスパ」は、遠方からもゲストが訪れるラグジュアリーオアシス。屋内外プールや大浴場、サウナ等も併設しており充実したステイが実現できる。レストランは、鉄板焼きや中国料理の人気が高い。中でも鉄板焼レストランは人気。シェフの柔軟で斬新な発想と技術でゲストの舌を唸らせる。

\隠れ家/

HOTEL RIDGE
ホテルリッジ

>> 国立公園の景勝地にたたずむ
　　四季折々の自然と調和したホテル

ホテルリッジ
- 徳島県鳴門市瀬戸町大島田中山1-1
- 088-688-1212
- 1泊25000円(税サ別)〜
- cc 可
- P あり
- http://hotel-ridge.co.jp/ridge/

　鳴門駅から車で約20分、瀬戸内海国立公園にある贅沢なロケーションのホテル。客室は全10室でプライバシー性が重視された極上空間。"プライベートオアシス"を標榜する。客室は大井高のあるゆとり空間。全客室から楽しめる鳴門海峡、瀬戸内海の眺望は最高だ。地下1500メートルから涌出する源泉かけ流しの天然温泉も魅力。多彩なメニューのスパトリートメントも人気だ。「万里荘」で楽しめる和食メインのコース料理で味覚の癒しを。日本建築の奥深さを感じるダイニングルームは感動的。格別のダイニングルームで至極の時間を。

リゾートホテル

113

ラグジュアリー
84

OLIVE BAY HOTEL
オリーブベイホテル

》 旅の目的はホテルステイ
　 包み込まれるオーラ漂う無上の楽園

オリーブベイホテル
- 長崎県西海市大島町1577-8
- 0959-34-5511
- 1泊12000円(税サ別)〜
- cc 可
- P あり
- http://www.olivebayhotel.co.jp/

風 光明媚な西海市(さいかいし)大島にある造船所が経営母体のホテル。クルーザーも発着する格式高いリゾートホテルだ。世界的建築家である隈研吾(くまけんご)氏による設計で、開放感とデザイン性の高さが光る。洗練された内装も魅力。全面ガラスが採用された客室は、全室で小湾の神秘的な光景が望めるバルコニーを備える。高い天井と全面ガラスの開放的な空間が印象的なレストラン「オリーブ」では、選りすぐりの食材で熟練のシェフによる料理が堪能できる。サマーシーズンにはクルーザーで行くプライベートビーチで、至れり尽くせりのバーベキューが楽しめる。

\\ 充実 //
85 HOTEL EUROPE
ホテルヨーロッパ

©ハウステンボス/J-18307

≫ 地場の食材を生かした本格フレンチ
運河を眺めながら優雅なひとときを

リゾートホテル

ホテルヨーロッパ
- 長崎県佐世保市 ハウステンボス町7-7
- 0570-064-300
- 1泊16590円（税サ別）〜※3名1室お1人様料金
- CC 可
- P あり
- http://www.huistenbosch.co.jp/hotels/he/index

ハウステンボス直営ホテルのフラッグシップホテル。外観からロビースペース、客室に至るまで格式を感じる。クルーザーでのチェックインも可能。ロビーを埋め尽くす季節の花々は感動的。ラウンジではクラシックの生演奏などもある。フルリノベーションされたヨーロッパデザイナールームは女性におすすめ。華やかで洗練されたヨーロッパ調のデザインだ。グルメも多彩。イチオシは鉄板焼レストラン「戎座」。ご当地の食材が堪能できる。また、ホテルの格式を体現するかのようなフレンチのメインダイニングも感動的。

115

上質 86

KAFUU RESORT FUCHAKU CONDO・HOTEL

カフー リゾート フチャク コンド・ホテル

≫ 空と海の間に浮かんでいる気分になる
　癒やしのインフィニティプール

カフー リゾート フチャク コンド・ホテル
- 沖縄県国頭郡恩納村字冨着志利福地原246-1
- 098-964-7000
- 1泊32000円～
- cc 可
- P あり
- https://www.kafuu-okinawa.jp/

恩納村に位置する人気リゾートホテル。ホスピタリティの高さで充実のリゾート時間が過ごせる。平均約70平方メートルの客室は全室オーシャンビューだ。余裕を持って配されたベッド、ソファはゆったり寛げる。リゾートホテルは客室ステイが重要な要素だけに、リビングスペースとベッドルームが独立しているのは嬉しい。レストランも秀逸。上質な空間で新鮮な食材をじっくり味わうことができる。スパは琉球を感じる癒しの空間だ。沖縄にリゾートホテルは多くあるが、ワンランク上の洗練されたリゾート時間が過ごせるホテル。

\\ 絶景 //

OKINAWA MARRIOTT RESORT & SPA
オキナワ マリオット リゾート&スパ

>> 眼下に広がる森の緑と海の青
　　贅沢なロケーションに感動必至

リゾートホテル

オキナワ マリオット リゾート&スパ
- 沖縄県名護市喜瀬1490-1
- 0980-51-1000
- 1泊6735円（税サ別）〜※2名1室お1人様料金
- cc 可
- P あり
- http://www.okinawa-marriott.com/

国 道58号線の海岸沿いの高台にある外資系リゾートホテル。ホテル最大の魅力は沖縄最大級と言われる6種類を誇るガーデンプールだ。水深2.5メートルのプールもある大人も楽しめる人気のスポット。一面のガラスで景色を独り占めできる客室は感動的だ。14階、15階のハイフロアに位置する「エグゼクティブフロア」はおすすめ。ドリンクやオードブルなどが無料で楽しめるラウンジへのアクセス権や、スパの無料利用など特典が多い。5店舗の多彩なレストランも魅力。人気のブッフェレストランをはじめ、和食でも沖縄メニューが楽しめる。

\充実/

88

VESSEL HOTEL CAMPANA OKINAWA
ベッセルホテル カンパーナ沖縄

≫ 黄金色に輝く北谷のサンセット
　朝食ビュッフェは和×洋×沖縄メニュー

ベッセルホテル カンパーナ沖縄
- 沖縄県中頭郡北谷町字美浜9-22
- 098-926-1188
- 1泊13611円(税サ別)〜
- 可
- あり
- https://www.vessel-hotel.jp/campana/okinawa/

美しいビーチ、ショッピングに映画やグルメなどたっぷり楽しめる人気エリア、北谷(ちゃたん)のアメリカンビレッジに立地するホテル。プールや展望浴場など沖縄気分を満喫できる充実施設を備え、別館1階にはコンビニエンスストアもあり充実のステイが実現できる。客室には全室に開放感あふれるバルコニーが。水平線に沈む夕陽を眺められる展望浴場や季節限定のプールも人気。充実の朝食は沖縄ご当地メニューを味わえる和洋ビュッフェスタイル。充実の周辺施設と合わせて、楽しみが2倍にも3倍にも増すようなホテルステイは魅力的だ。

05

 温泉ホテル＆旅館

高級旅館の雰囲気をリーズナブルに、
贅を尽くした宿に泊まりたい、
いずれもご要望にもおこたえする厳選のホテル＆旅館。

隠れ家 89

HANARE NO YADO YOMOGINO

離れの宿 よもぎ埜

>> 主張はしない、でも
　贅を尽くしたしつらえに感動する大人の宿

離れの宿 よもぎ埜
- 福島県郡山市熱海町熱海5-33
- ☎ 024-984-2671
- ¥ 1泊26000円(税サ別)〜
- CC 可
- P あり
- http://www.yomogino.net/

美肌の湯として知られる磐梯熱海温泉にある大人の隠れ家。ロビーホールは、ゆったりしたソファに薫り高いコーヒー、一流の絵画、書籍とサロンのような空間。貴族の洋館へ招かれたような錯覚に陥る。贅沢な日本庭園が広がり本格的な茶室が3室点在している。山を見ながらゆったり入れる大浴場は魅力。露天風呂「森と桜の湯」、茶室風の露天風呂「侘び湯」は貸し切りでの利用が可能。夕食は部屋食。食べきれないほどたっぷりのコースだ。日本旅館ならではのおもてなしの心は、プライベート感の高い離れの宿にこそ息づき花開く。

\ 充実 /
90

HOTEL NEWSHIOBARA
大江戸温泉物語 ホテルニュー塩原

>> 驚異的なゲスト数とリピーター
   エンタテインメントホテルの最高峰

大江戸温泉物語 ホテルニュー塩原
- 栃木県那須塩原市塩原705
- 0570-021126
- 1泊7980円(税サ別)～
- 可
- あり
- http://newshiobara.ooedoonsen.jp/

人気を博する大江戸温泉物語の宿。271室の客室はバラエティに富む。2015年にリニューアルされた「湯仙峡」は特に人気。館内にはゲームコーナーや卓球コーナー、カラオケやボウリング場、手相占いなど多くのエンタテインメントが用意されている。現代版湯治場ともいえる「湯仙峡」の大浴場は、大風呂、露天風呂、立ち湯、サウナ、アカスリなど設備が充実。女性は6種類、男性は5種類の湯船が楽しめる。季節ごとに変わる種類豊富なディナーバイキングは驚愕。1泊では遊び尽くせないほど、多彩な楽しみと美味しさが詰まったスケール大きな宿。

温泉ホテル&旅館

\プライベート感/

SHINSHU TOGURA KAMIYAMADAONSEN OGIWARAKAN

信州・戸倉上山田温泉 美白の湯 荻原館

>> 御母手成志（おもてなし）の宿を体現する
和やかな時が流れる源泉かけ流しの宿

信州・戸倉上山田温泉 美白の湯 荻原館
- 長野県千曲市上山田温泉1-31-3
- 026-275-1018
- 1泊10000円（税サ別）～
- 可
- あり
- https://www.ogiwarakan.com/

戸倉上山田温泉のメイン通りに面し、温泉街の雰囲気を感じるロケーションの宿。湯量も豊富で源泉掛け流しの浴場は、湯の花が漂う硫黄の香りと泉質の高さを実感する。最上階の露天風呂は宿ご自慢。山を望み、温泉街の情緒を感じる時間は最高だ。リーズナブルな料金にして夕食は個室出しでゆっくり味わえる。地産メニューを積極的に用い、調理、見せ方も含め創意工夫を感じる。女将を中心としたチームワークにもおもてなしを感じる宿。派手でも豪華でもないがホッとくつろげる空気は、小規模の温泉旅館だからこそ味わえる趣だ。

\\ 上質 //
92

TAKANAWA HANAKOHRO
高輪 花香路

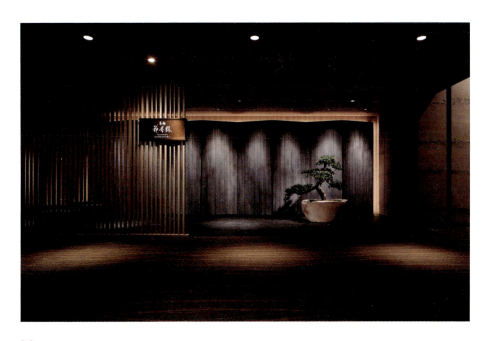

>> 都心にいながら本格的な旅館風情を
味わえる珠玉の空間

高輪 花香路(グランドプリンスホテル高輪内)
- 東京都港区高輪3-13-1
- 03-3447-1111
- 1泊40000円(税サ別)〜
- 可
- あり
- http://www.princehotels.co.jp/takanawa/contents/renewal/hanakohro/

グランドプリンスホテル高輪に誕生した、和室全16室の本格的な旅館。日本庭園での出迎えから日本文化体験など非日常的な空間を提供。白木の明るい色彩が印象的な客室は、和室をイメージ。クオリティ高きベッドから日本式の風呂までゲスト目線を追求した、伝統美と機能性が融合した空間だ。外資系ラグジュアリーホテルの計算し尽くされたサービスはもちろん魅力だが、和のもてなしに癒されるのは、日本人ならではのDNAなのかもしれない。非日常の癒し時間ここに極まれり。朝食も楽しめる宿泊者専用の「ラウンジ 桜彩(おうさい)」へは是非出向きたい。

温泉ホテル&旅館

\隠れ家/
93

SUSUKI NOHARA ICHINOYU
ススキの原 一の湯

≫ 旅館をもっと身近に
　予約困難な人気ブランド「一の湯」

ススキの原 一の湯
- 神奈川県足柄下郡箱根町仙石原817-77
- 0460-85-5331
- 1泊15000円(税サ別)〜
- 可
- あり
- https://www.ichinoyu.co.jp/susuki/

箱根仙石原のススキの原に隣接する宿。外輪山を望む自然豊かな立地が何とも贅沢だ。箱根で人気の一の湯グループ最新にしてデラックスな宿でもある。温泉施設も充実。大浴場はもちろんであるが、何といっても全客室に露天風呂を配しておりプライベート感の高い滞在ができる。一の湯グループの宿では露天風呂、展望風呂を配する客室が多い。露天風呂付きの客室といえば高嶺の花であるが、リーズナブルに利用できるのも一の湯の魅力だ。料理は温泉旅館にしては斬新で楽しい夕食時間を約束。一の湯オリジナルコーヒーは是非味わいたい逸品。

隠れ家
94

TAKASAKI KANNONYAMA ONSEN KINZANSOH
高崎観音山温泉 錦山荘

>> 静寂という言葉が似合う
深い自然に囲まれた温泉の宿

高崎観音山温泉 錦山荘
- 群馬県高崎市石原町2892
- 027-322-2916
- 1泊9500円(税サ別)〜
- 可
- あり
- http://www.kinzanso.com/

高崎の奥座敷といわれる観音山に位置する宿。歴史は大正時代までさかのぼる。しつらえや調度品などレトロな雰囲気が魅力の館内には、フレンドリーなスタッフのおもてなしがあふれている。大浴場は丸太を組んだ「いで湯」風の造り。大きな窓からは高崎や前橋の市街、遠くは赤城山まで望める。自然に囲まれたロケーションも魅力だ。四季折々の草花を愛でつつやすらぎの滞在が楽しめる。地元の食材を多用した料理は宿泊客の大きな愉しみである。群馬県のソウルフードである「おっきりこみ鍋」は、味噌味・醤油味・辛味噌のバリエーションから選べる。

\ 上質 /
95

IMAISO
伊豆今井浜温泉 今井荘

>> 移りゆく時代の中で
伝統と格式を堅持する名旅館

伊豆今井浜温泉 今井荘
- 静岡県賀茂郡河津町見高127
- 0558-34-1155
- 1泊18000円(税サ別)〜
- 可
- あり
- http://www.imaiso.jp/

伊豆半島東部、シーズンには見事な河津桜も楽しめる河津・今井浜エリアの立地。皇室をはじめ宮家、政財界の要人や文化人に愛されてきた深い歴史と格式の高い宿。広々とした客室は全てオーシャンビュー、窓いっぱいに海が広がる感動の眺望。天気が良ければ伊豆七島が望めることも。湯量豊富な温泉は保湿効能が高く、湯冷めしにくいお湯。充実の夕食には伊豆の恵みがふんだんに用いられている。近海で採れた魚に舌鼓、至福の時間だ。朝食は刺身も並び食べきれないほどのボリューム。何といっても圧巻なのが大きさに驚く干物だ。

\\ ラグジュアリー //

96

KAZENOKAORI

ラグジュアリー 和 ホテル風の薫

≫ "何もせず、海を眺める贅沢"
非日常的な旅の始まりはラウンジから

ラグジュアリー 和 ホテル風の薫

- 📍 静岡県伊東市新井2-7-1
- ☎ 0120-759-337
- ¥ 1泊29800円(税サ込)〜
- CC 可
- P あり
- 🌐 https://www.kazenokaori.jp/

伊 東の国道135号線沿いに佇む。全室海一望、露天風呂付きの宿だ。チェックインからチェックアウトまでラグジュアリー感に包まれたステイが魅力。ロビーには「エステフィッシュ」コーナー、海を愛でるオープンデッキには足湯とお楽しみ満載。夕食時にはソフトドリンクから各種アルコールまでおかわり自由。先付け、刺身、煮物、焼き物などバラエティに富んだメニューは地物の食材が多く使われている。22時からは夜食ラーメンの無料提供がある。和をコンセプトにしつつも、ホテルの快適性やホスピタリティを実現するラグジュアリーな宿だ。

温泉ホテル&旅館

\上質/
97

FURUYUONSEN ONCRI
古湯温泉ONCRI／おんくり

>> 非日常感を味わえる滞在を実現
   九州で話題のハイセンスな宿

古湯温泉ONCRI／おんくり
- 佐賀県佐賀市富士町古湯556
- 0952-51-8111
- 1泊19000円（税サ別）〜
- 可
- あり
- http://www.oncri.com/

2 200年前に発見されたという脊振山の懐に抱かれた古湯温泉。深い歴史ある温泉にあって、ジャパニーズ・コンテンポラリーがデザインコンセプトの宿だ。エントランス、ロビーをはじめ客室に至るまで、和のテイストを保ちつつモダンな雰囲気が演出されている。湯処「SHIORI／しおり」は、豊富な湧出量の自家源泉。ディナーはバー＆レストラン「SEBRI／セブリ」へ。地元の食材を生かしたナチュラルイタリアンディナーは最高。旬の食材を味わえるコースはもちろん、ピザやパスタなどのアラカルトも楽しめるランチも人気。

6

簡易宿場 &
レジャーホテル

いざ、というときに「奥の手」として活用したい
今どきの「イケ」てるホステル、カプセルホテル、レジャーホテル。

\\意外性/

98

&AND HOSTEL UENO
&AND HOSTEL UENO

≫ 近未来のIoT空間を楽しめる
本邦初の体験型宿泊施設

&AND HOSTEL UENO
- 📍 東京都台東区東上野6-8-7
- ☎ 03-6231-7842
- ¥ 1泊3300円(税サ別)〜
- cc 可
- P なし
- 🌐 https://andhostel.jp/ueno/

最先端のIoTデバイス体験が可能な日本初のスマートホステルブランドで、都内ほか福岡で展開している。客室はDormitory、Single Room、DoubleRoom、IoT Double Room。ドアキーの開閉や照明操作、シャワーの利用予約などさまざまなシーンでIoT体験ができる。キッチン、ラウンジ、シャワー、ランドリーなどステイを充実させる設備も揃っている。上野からみて浅草寄りの立地なので、観光拠点としても利用価値が高いだろう。コンセプト型ルームとして客室の価値を高めつつ、未来型ホステルの実証実験の場ともなっているのだ。

\ 充実 /
99

GRAND PARK INN YOKOHAMA
グランパーク・イン横浜

>> スタイリッシュ、かつポップ
　　納得のハイセンスなカプセルホテル

グランパーク・イン横浜
- 神奈川県横浜市西区北幸2-1-5
- ☎ 045-534-8611
- ¥ 1泊3000円（税サ別）〜
- cc 可
- P なし
- https://grandpark-inn.jp/yokohama/

横浜駅西口至近に立地。女性も利用できる明るく華やかな雰囲気が印象的だ。「ロビー＆ライブラリー」の数千冊はあろうかというマンガは圧巻。そこに面したレストランが「The Book Cafe」。専属シェフのいるグルメなカプセルホテルである。キャビンは、「エコノミー」から「シアタープレミアム」の各グレードに加えて、完全個室型の「ファーストプレミアム」が誕生。新しいビジネス宿泊シーンの比類無き価値を創造する。サウナ付の大浴場を完備。また、グルメなホテルの面も。クオリティ高き料理をカプセルホテルで味わえるのは感動的。

簡易宿場＆レジャーホテル

隠れ家

100

HOTEL&SWEETS FUKUOKA

HOTEL&SWEETS FUKUOKA

≫ ナチュラルで清潔
　リラックスを追及したレジャーホテル

HOTEL&SWEETS FUKUOKA
- 福岡県福岡市博多区金の隈3-11-24
- 092-583-3133
- 1泊8860円(税サ別)〜
- cc 可
- P あり
- http://www.p-hotels.jp

福 岡空港から至近の白を基調としたリゾート感ある外観のホテル。ロビースペースに設置されたショーケースはスイーツショップのよう。ロビーには飲食も可能なカフェスペースがある。ホテル利用者全員が無料で楽しめるビュッフェには、クオリティの高いスイーツが並ぶ。これらはキッチンスタッフの手作り。窓が大きくとられた明るい客室もレジャーホテルのイメージを覆す。自宅にいるかのようにリラックスできる空間だ。いわゆるラブホテル特有のケバケバした雰囲気は皆無。リゾートホテルの雰囲気も感じられるのは好印象。

COLUMN
4

レジャーホテルのヒューマン

レジャーホテルとは一般に「ラブホテル」と呼ばれてきた業態だ。私はホテル業界専門誌で連載を持ったことをきっかけに、多くのレジャーホテルを取材する機会に恵まれるようになった。男女の密会場所として特有の淫靡な雰囲気をイメージし、当初はネガティブな印象を持っていたが、実際にはスタイリッシュなコンセプトを打ち出す施設が多く驚いた。リゾートホテルのように贅沢な空間演出や、非日常感や癒しをテーマにするなど進化著しい業態である。

レジャーホテルは基本的にパブリックスペースという概念がなく、客室で過ごす時間の充実度がポイントになる。突発的な利用も多い業態だけに、手ぶらでチェックインしても事足りるアメニティ類の豊富さも特徴だ。大型なのはベッドだけではない。浴室も大型、テレビも大型、冷蔵庫も大型だ。クオリティの高い充実したメニューのルームサービスはもはや定番であるし、映画を楽しむためのプロジェクターが装備された客室まである。客室で快適に過ごすためのあらゆる工夫が詰まっている。

とある外資系ホテルで1泊100万円を超えるスイートルームを取材した時のこと。担当者が「こちらのスイートルームには浴室になんとサウナがあります！」と自慢げに話していたが、客室にサウナがあるといえばレジャーホテルでは定番。たとえば、最近一般のホテルでみられるようになったデュベスタイルというベッドメイキングもレジャーホテルが先行していた印象だ。

レジャーホテルの特徴として"人に会わない"ということがある。ゲスト同士はもちろんであるがスタッフと顔を合わせるのも御法度だ。一般に、ホテルは"ハード""ソフト""ヒューマン"といわれ、特にヒューマンは重要。直接的な人的サービスを提供できないレジャーホテルには関係がないように見える。しかし、直接的な人的サービスを提供できないからこその、ヒューマンを感じる徹底した利用者目線による創意工夫がいま注目されている。

密着レポート

ホテル評論家の一週間

2017年9月に「週刊新潮」の名物連載「私の週間食卓日記」からオファーをいただいた。
芸能人、文化人といった有名人の食生活を日記形式で紹介するものだ。
ホテル評論家がどんな食生活をしているのか興味津々といったオファーなのだろうが、
通常取材や執筆に追われる日々を振り返ることはなく、
良い機会だからまとめてみようと快諾した。
掲載された日記はある意味衝撃的だったようで大きな反響をいただいた。
一方、文字数の制限もあり書けなかったこともあり、
今回写真もピックアップし加筆してみることにした。

9/16（土）

前 夜宿泊した都内のビジネスホテルを深夜にチェックアウト。無料朝食を食べられなかったのは残念。三連休初日。ホテル取材は車での移動が基本スタイル。ホテルには女性目線も重要。原稿の校正役でもある妻も取材に同行する。東名高速渋滞を見越して早朝4時にびわ湖へ向け出発。途中、伊勢湾岸道刈谷ハイウェイオアシスの「ラーメン横綱」で朝食。早く出発したので併設の温浴施設でリフレッシュ。正式取材のホテルではみなさまに出迎えていただくことも多く、失礼のないように手前のSAで運転してきたジャージ姿から正装に着替え靴も履き替える。こんなこともあるので荷物が多く車移動が便利なのだ。11時半琵琶湖畔のロイヤルオークホテル

スパ＆ガーデンズに到着。グルメ度高きアーバンリゾートホテルだ。
ランチは大人気のカウンター寿司食べ放題。コスパもテンションも高すぎで23貫平らげる。ホテル取材を終え客室でしばし午睡。琵琶湖畔を散歩してスパでサウナ。ディナーはお気に入りの中国料理「湖園」へ。ロブスターのチリソース、北京ダックに感動的なフカヒレ姿煮はなんと松茸入り。更に絶品フカヒレ刺身には悶絶。アフターはバーへ。ホテリエのみなさまと懇談しつつ自信作というフォトジェニックな葡萄カクテル試飲。

9/17(日)

普 段朝食は食べないがホテルステイの時は別。これも仕事である。ビュッフェ朝食は野菜中心。琵琶湖から九州へ向かう日。予約していた飛行機が台風で欠航との情報。新幹線も運休になるかもと急いで京都駅へ。のぞみに飛び乗り一路博多へ。車中で駅弁ランチ。幕の内のおかずをつまみがわりに缶ビールをプシュッ。無事オンタイムで博多駅着。その後の新幹線が軒並み運休になったというから、まさしく滑り込みセーフだ。

散歩にちょうどよい距離であるが、雨も降ってきたので博多駅から100円循環バスに乗ってキャナルシティへ。グランドハイアット 福岡での取材。福岡を代表するラグジュアリーホテルだ。クラブラウンジのカクテルタイムでシャンパンとオードブルを目論むも満席。いつもながらの人気に感心。

今回の取材は、ロビー階に最近オープンした「THE MARKET F」が主たる目的。ホテルスタッフと福岡ホテル事情、全国のホテル事情の情報交換も兼ねての会食。ここは、新鮮食材をチャコールグリルで味わうという福岡のホテルには見られなかった秀逸なコンセプト。太刀魚のグリルに博多和牛というご当地食材が感動的。まだまだ知られていない穴場ダイニングである。屋台でラーメンでもという当初の予定はどこへやら。快適な客室の極楽ベッドで速攻寝落ち。

9/18(月)

い つもはクラブラウンジで朝食を愉しむグランド ハイアット福岡の朝であるが、前夜のディナーが好印象だったので取材継続。「THE MARKET F」の朝食へ。地産地消にこだわった想像以上の内容。みそ汁の旨さにも感動。とはいえラウンジも気になるところ。移動してサラダとスモークサーモンもいただく。

台風一過の気持ち良い朝。散歩がてら徒歩で博多駅まで。新幹線で京都へ移動。ロイヤルオークホテルで車をピックアップ。石山寺至近の「新福菜館」でラーメンランチ。一見濃口醤油だがコクと奥行きを感じるスープが素晴らしいラーメン。京都の本店は行きつけだがこちらもなかなか。すっかり満喫して大阪入り。

天王寺駅至近にあるホテル＆リゾート バリタワー大阪天王寺へチェックイン。驚愕の無料尽くしホテルだ。なんとロビーでワインやスイーツまで無料。ぐっと堪えて心斎橋のお気に入り銭湯「清水湯」でサウナに入ってから新世界へ。「八重勝」の串カツ、サウナ上がりのビールが美味い。ホテルへ戻り、ディナーはホテル最上階の「スコール」で夜景を愛でつつ肉鮮海鮮グリル料理に舌鼓。

9/19（火）

バ リタワー大坂天王寺の大阪フィーチャー朝食は素晴らしい。「究極の卵かけ御飯」（TKG）はすじ煮込みとのコラボレーション。ランチの時間はないので朝食を多めにすませ一路東京へ。阪神高速〜名神〜新名神〜伊勢湾岸道〜新東名と快適ドライビング。一度帰宅。郵便物や宅急便などピックアップそして洗濯。4時間滞在で目黒へ。
旧目黒雅叙園4月からホテル雅叙園東京にリブランドし取材へ。目下イノベーション途上の注目ホテル。ハイクオリティな全客室にはスチームサウナがありサウナ好きとしては欣喜雀躍。客室のリニューアルはもちろん秀逸なコンセプトのダイニングも感動的だ。今回は「KANADE TERRACE」へ。カジュアルに利用できるダイニングにして料理のクオリティ◎。素材を大切にしながらひと手間かけられたグリル料理とワインのペアリングディナー。洗練された久々の東京ホテルナイトだ。

9/20（水）

ホ テル雅叙園東京のゆったりしたクラブラウンジで感動的なモーニングをいただき早めのチェックアウト。一度帰宅。スーツに着替え麹町へ。宿泊施設の支配人を対象とした2時間の講演を終え横浜ベイシェラトン ホテル＆タワーズへ移動。ホテルは早くもクリスマス発表会の季節でプレス発表会に。28階からの夜景とラグジュアリー感にうっとりしつつ、シャンパンで講演後の喉の渇きを潤す。贅沢食材をふんだんに用い、「五感で味わう」をテーマにしたディナーを満喫。隣席のゼネラルマネージャーと横浜ホテル事情の情報交換。ホテル取材ではホテルの方々との何気ない会話も大切な瞬間。生きた情報は何よりの取材成果となる。第六感まで研ぎ澄まされそうなクリスマス先取りナイト、かなりイイ気分で横浜から帰還。久々の自宅泊。何だかんだ自分の枕と布団は落ち着く。

9/21（木）

妻 の手作りバランス朝食。やっぱり家めしってあったかい。4泊分のパッキングをして向かったのは国技館。大相撲9月場所12日目の観戦へ。休場多く残念な場所とはいえ迫力の土俵。幕の内弁当にやきとりと定番相撲観戦グルメで居酒屋気分の観戦。
観戦後は高輪のザ・プリンスさくらタワー東京へ。癒され落ち着く大好きなホテル。

久々のカウンター天ぷら。隣接するグランドプリンスホテル高輪の「天婦羅 若竹」は安らぎ空間の人気ダイニング。天ぷらと白ワインの組み合わせは大好き。〆は天丼か天茶かなんて聞かれると、「たまごの天ぷら丼も追加！」と盛り上がってしまう。さくらをフィーチャーした快適客室で爆睡。

9/22（金）

大 好きなさくらタワーの「サウナ＆ブロアバス」でスッキリしてエグゼクティブラウンジにてゆっくり朝食。ラウンジ朝食に白米があるのはやっぱり嬉しい。成田へ移動。フリーランサーにとって取材経費は頭の痛い問題。テレビや雑誌の取材であれば経費が出るケースもあるが基本的には自己負担。というわけで飛行機はほとんどLCC。札幌行きは90分のディレイ。「オーマイガー！」というのも札幌円山の「さくら庵」蕎麦ランチに間に合わない。大ファンの蕎麦屋だけに残念。やはり絶品の鴨せいろが食べたい！と北海道滞在最終日に予約を入れ直す。
3泊4日8千円の格安レンタカーで市内へ。ホテルへチェックインすると夕方。夜はススキノの行きつけ寿司屋で季節を感じるディナー。久々のプライベートでの食事はゆったりとした時間。アフターは長年通うバー「タイスケサン」でシャンパン。寿司のあとのシャンパンって本当に美味しい。明日は新富良野プリンスホテルで秋先取りのグルメを楽しむつもり。マイ秋の北海道大収穫祭は続く。

※週刊新潮 2017年10月12日号「私の週間食卓日記」を元に加筆修正しました

おわりに

『ホテル取材の現場』

私のホテル取材方法には「覆面取材」と「正式取材」がある。コストパフォーマンスを重視することから、まず自腹で宿泊して評価リストを作成する。評論家としての基本的な評価項目は最大でざっと 500 といったところであるが、これは評論活動ではなくホテルプロジェクト遂行などの際に用いるものである。覆面取材の度に 500 項目のチェックは不可能で、おおよそ 180 項目でリストが作成される。

項目の詳細は公表できないが、項目毎にポイントが加算される。ポイントは支払った宿泊料金を独自の算式に当てはめ、コスパポイントを導く。コスパポイントは 5 点満点で、平均するとおおよそ 3.5 といったところ。それなりに期待のできるホテルをセレクトしチェックインしての平均 3.5 であるが、時には 2.5 という場合もあり 3.0 以下は再訪したくないホテルという印象だ。

4.0 ポイント以上のホテルについては、テレビや雑誌といったメディア露出を前提とする正式取材の申し込みをする。10 ～ 15 軒に 1 軒といったところか。メディア関係者であればご存じだろうが、正式取材は一般的に"試泊"が前提となる。試泊とはホテルが部屋を用意してくれるもので、取材側に宿泊料金の負担はない。取材の一環ということで、食事まで準備されることもある。

正式取材ゆえ、同じホテルでも覆面取材時とは受ける印象が異なる。歓待を受けたからといって、ネガティブだった印象が好意的に変わるということはないが、バックオフィスの実態、自腹では宿泊不可能な客室体験など、覆面取材では得られないであろう収穫は大きい。特にスタッフの方々と交流できることは、かけがえのない時間となる。会食時、お酒が入った場で聞けるオフレコぶっちゃけ話に興味津々となる楽しいひとときも。

ホテルは"ハード・ソフト・ヒューマン"といわれるが、中でもヒューマンは重要だ。ゆえにホテルマンとの人間関係が築けるのは正式取材の大きな魅力である。ホテルマンというヒューマンを知ることで、覆面取材では不可能だったホテルの現場にあ

る喜び、問題点まで把握することもある。覆面取材の時に抱いた疑問やネガティブポイントが、そうした原因があったのかと確認することにもなる。

かように同じ辛口批評でも、改善提案まで踏み込んだ情報発信ができる機会ともいえるが、このような正式取材は一般の方々から見れば歪んだ関係に見えるだろう。過大な金銭的利益供与とはいかないまでも、ステマといわれるように、何らかの便宜・利益供与を受けつつ、あたかも中立な立場を装った宣伝記事も世に出回っており問題視されている。

正式取材では、感謝することは多々あれ、記事にする価値がないのに宣伝広告記事、いわゆる提灯記事を書くのかといえばノーだ。もちろん取材を受けるホテル側は相応の自信があるから取材を受諾することもあり"なかなか良い"というシーンに遭遇することは多々ある。

かといって、そのようなポジティブ情報だけをニュースメディアへ執筆しても、あくまでも編集部に編集権がある。原稿は厳しくチェックされ、宣伝記事的な要素があると読み取られれば修正依頼や却下されることもある。宣伝広告を目的とした記事の線引きは難しい部分もあるが、提灯記事を書く時点でジャーナリストとはいえないだろうし、そうした記事には読み手側が一番敏感だ。

ジャーナリストの矜持には価値を咀嚼するフィルターは重要。そうしたプライド・立場を理解してくれるホテルとの関係性もまた大切だ。本書の100ホテルへ実際に取材する際も、ホテルとの距離感を意識しつつもホテルの魅力を多くの人々にどうしても伝えたいと思った。"最強のホテル"という言葉の持つ強さを思料すると、受け売りではなく価値を見据えた咀嚼が不可欠であった。

最後に、本書の刊行にあたりイースト・プレスの加藤有香さんには大変お世話になりました。有香さんとのホテル話はいつも新鮮で楽しい時間でした。また、取材に快く応じていただいたホテル、旅館各位へこの場を借りて御礼申し上げます。新たなホテルを紹介できる日を楽しみに今日もまたチェックインいたします。

エリア別Index

北海道
ANAクラウンプラザホテル札幌	36
アートホテル旭川	66
狸の湯 ドーミーイン札幌ANNEX	67
ベッセルイン札幌中島公園	68
ホテルマイステイズプレミア	
札幌パーク	69
函館国際ホテル	70
ラビスタ函館ベイ	71
函館大沼プリンスホテル	106

岩手県
オガールイン	72

秋田県
ホテルプラザアネックス横手	73

福島県
離れの宿 よもぎ埜	120

栃木県
大江戸温泉物語 ホテルニュー塩原	121

群馬県
ホテル ココ・グラン高崎	18
高崎観音山温泉 錦山荘	125

埼玉県
浦和ロイヤルパインズホテル	50
ホテル・ヘリテイジ飯能sta.	90

千葉県
オリエンタルホテル 東京ベイ	44
ホテル日航成田	15
ラディソン成田	46
成田ゲートウェイホテル	84
ザ エディスターホテル成田	85
サヤン・テラス ホテル&リゾート	108

東京都
マンダリン オリエンタル 東京	10
豪華カプセルホテル 安心お宿プレミア	
新宿駅前店	30
ウォーターホテルS国立	32
グランド ハイアット 東京	37
ザ・プリンス さくらタワー東京	38
東京ドームホテル	39
ホテル インターコンチネンタル	
東京ベイ	40
ホテル雅叙園東京	41
ザ ロイヤルパークホテル東京汐留	42
吉祥寺第一ホテル	43
グランパークホテル パネックス東京	74
渋谷ホテル えん	75
スーパーホテルLohas東京駅八重洲中央口	76
ホテル ココ・グラン上野不忍	77
ホテルバーグランティオス別邸	78
ホテルベルクラシック東京	79
レム六本木	80
ドーミーインPREMIUM渋谷神宮前	81
東横INN東京大手町A1	82
立川ワシントンホテル	83
高輪 花香路	123
&AND HOSTEL UENO	130

神奈川県
ホテルニューグランド	47
横浜ベイシェラトン ホテル&タワーズ	48
ローズホテル横浜	49
スターホテル横浜	86
コンフォートホテル横浜関内	87
ホテル パセラの森 横浜関内	88
コート小テル新横浜	89
ススキの原 一の湯	124
グランパーク・イン横浜	131

長野県
野尻湖ホテル エルボスコ	24

松本ホテル花月	92		ホテルヒューイット甲子園	60
ホテル軽井沢1130	107			
ザ・プリンスヴィラ軽井沢	109		**鳥取県**	
信州・戸倉上山田温泉 美白の湯 荻原館	122		鳥取グリーンホテルモーリス	97

静岡県

ホテルマイステイズ富士山展望温泉	91		**広島県**	
川奈ホテル	110		ホテルアクティブ！広島	96
ホテル＆スパアンダリゾート				
伊豆高原	111		**徳島県**	
伊豆今井浜温泉 今井荘	126		ホテルリッジ	113
ラグジュアリー 和 ホテル風の薫	127			

愛知県

サーウィンストンホテル	51		**福岡県**	
ストリングスホテル 名古屋	52		ザ・レジデンシャルスイート・福岡	61
名古屋プリンスホテル スカイタワー	53		グランド ハイアット 福岡	62
			アゴーラ福岡山の上ホテル＆スパ	63
滋賀県			JR九州ホテル ブラッサム博多中央	98
ロイヤルオークホテル			ホテルフォルツァ博多（筑紫口）	99
スパ＆ガーデンズ	112		HOTEL&SWEETS FUKUOKA	132

京都府

			佐賀県	
THE JUNEI HOTEL 京都 御所西	54		古湯温泉ONCRI／おんくり	128
ベッセルホテルカンパーナ京都五条	93			

大阪府

			長崎県	
レム新大阪	22		クインテッサホテル佐世保	100
大江戸温泉物語 箕面観光ホテル	28		変なホテル ハウステンボス	101
コートヤード・バイ・マリオット			オリーブベイホテル	114
新大阪ステーション	55		ホテルヨーロッパ	115
アートホテル大阪ベイタワー	56			
ホテル阪神	57		**鹿児島県**	
ホテル・ザ・ルーテル	94		城山観光ホテル	14
ホテル＆リゾート バリタワー大阪天王寺	95			
			沖縄県	
兵庫県			紺碧 ザ・ヴィラオールスイート	26
三田ホテル	58		JR九州ホテル ブラッサム那覇	102
神戸メリケンパークオリエンタルホテル	59		アートホテル石垣島	103
			カフー リゾート フチャク コンド・ホテル	116
			オキナワ マリオット リゾート＆スパ	117
			ベッセルホテルカンパーナ沖縄	118

キーワード別Index

ラグジュアリー
贅沢な気分が味わえるホテル

マンダリン オリエンタル 東京	10
ホテル ココ・グラン高崎	18
紺碧 ザ・ヴィラオールスイート	26
ウォーターホテルS国立	32
グランド ハイアット 東京	37
ザ・プリンス さくらタワー東京	38
横浜ベイシェラトン ホテル＆タワーズ	48
グランド ハイアット 福岡	62
ザ・プリンス ヴィラ軽井沢	109
オリーブベイホテル	114
ラグジュアリー 和 ホテル風の薫	127

絶景
夜景や眺望が素敵なホテル

ホテル インターコンチネンタル 東京ベイ	40
名古屋プリンスホテル スカイタワー	53
アートホテル大阪ベイタワー	56
神戸メリケンパークオリエンタルホテル	59
アゴーラ福岡山の上ホテル＆スパ	63
ホテルマイステイズ富士山展望温泉	91
サヤン・テラス ホテル＆リゾート	108
オキナワ マリオット リゾート＆スパ	117

上質
質の高いサービスや客室のホテル

ホテル雅叙園東京	41
ホテルニューグランド	47
浦和ロイヤルパインズホテル	50
ストリングスホテル 名古屋	52
函館国際ホテル	70
ホテルベルクラシック東京	79
ドーミーインPREMIUM渋谷神宮前	81
JR九州ホテル ブラッサム博多中央	98
ホテルフォルツァ博多（筑紫口）	99
クインテッサホテル佐世保	100
函館大沼プリンスホテル	106

ホテル軽井沢1130	107
川奈ホテル	110
カフー リゾート フチャク コンド・ホテル	116
高輪 花香路	123
伊豆今井浜温泉 今井荘	126
古湯温泉ONCRI／おんくり	128

プライベート感
喧騒を忘れられる空間をもつホテル

グランパークホテル パネックス東京	74
ホテル ココ・グラン上野不忍	77
ホテル・ザ・ルーテル	94
信州・戸倉上山田温泉 美白の湯 荻原館	122

充実
立地や施設に恵まれているホテル

城山観光ホテル	14
レム新大阪	22
大江戸温泉物語 箕面観光ホテル	28
東京ドームホテル	39
オリエンタルホテル 東京ベイ	44
アートホテル旭川	66
ホテルマイステイズプレミア札幌パーク	69
オガールイン	72
ホテルプラザアネックス横手	73
成田ゲートウェイホテル	84
コンフォートホテル横浜関内	87
ホテルパセラの森 横浜関内	88
ホテル＆スパアンダリゾート伊豆高原	111
ホテルヨーロッパ	115
ベッセルホテル カンパーナ沖縄	118
大江戸温泉物語 ホテルニュー塩原	121
グランパーク・イン横浜	131

隠れ家
ひとりきり、ふたりきりになるのに最適なホテル

野尻湖ホテル エルボスコ	24

豪華カプセルホテル 安心お宿	
プレミア新宿店	30
ラディソン成田	46
サーウィンストンホテル	51
THE JUNEI HOTEL 京都 御所西	54
ホテルバーグランティオス別邸	78
コートホテル新横浜	89
ベッセルホテルカンパーナ京都五条	93
ホテルリッジ	113
離れの宿 よもぎ埜	120
ススキの原 一の湯	124
高崎観音山温泉 錦山荘	125
HOTEL&SWEETS FUKUOKA	132

利便性
駅直結や便利なサービスのあるホテル

ANAクラウンプラザホテル札幌	36
ホテル日航成田	45
コートヤード・バイ・マリオット 新大阪ステーション	55
ホテル阪神	57
狸の湯 ドーミーイン札幌ANNEX	67
レム六本木	80
東横INN東京大手町A1	82
ザ エディスターホテル成田	85
ホテル・ヘリテイジ飯能sta.	90
ホテルアクティブ！広島	96
鳥取グリーンホテルモーリス	97
JR九州ホテル ブラッサム那覇	102

グルメ
美食やここでしか味わえないものが楽しめるホテル

吉祥寺第一ホテル	43
ローズホテル横浜	49
三田ホテル	58
ホテルヒューイット甲子園	60
ベッセルイン札幌中島公園	68
ラビスタ函館ベイ	71

スターホテル横浜	86
松本ホテル花月	92
アートホテル石垣島	103
ロイヤルオークホテルスパ＆ガーデンズ	112

意外性
特徴的なサービスやコンセプトをもつホテル

ザ ロイヤルパークホテル東京汐留	42
ザ・レジデンシャルスイート・福岡	61
渋谷ホテル えん	75
スーパーホテルLohas東京駅八重洲中央口	76
立川ワシントンホテル	83
ホテル＆リゾート バリタワー大阪天王寺	95
変なホテル ハウステンボス	101
&AND HOSTEL UENO	130

ホテル評論家が自腹で泊まる！
最強のホテル100

発 行 日　2018年3月11日　初版第1刷発行

著　　　者　瀧澤信秋

装　　　丁　中川智貴（スタジオダンク）
撮　　　影　泉山美代子
Ｄ　Ｔ　Ｐ　松井和彌
編　　　集　加藤有香

発 行 人　北畠夏影
発 行 所　株式会社イースト・プレス
　　　　　　〒101-0051
　　　　　　東京都千代田区神田神保町2-4-7 久月神田ビル
　　　　　　TEL 03-5213-4700　　FAX 03-5213-4701
　　　　　　http://www.eastpress.co.jp

印 刷 所　中央精版印刷株式会社

※本書の無断転載・複製を禁じます。
※落丁本、乱丁本は購入書店を明記のうえ、小社宛にお送りください。
　送料小社負担にてお取替えいたします。

©Nobuaki Takizawa 2018 Printed in Japan
ISBN 978-4-7816-1641-4